꼰대 탈출 백서

꼰대
탈출
백서

2016년 12월 20일 처음 펴냄
2018년 2월 8일 2쇄 펴냄

글·사진 임정훈
펴낸이 신명철 | 편집 윤정현 | 영업 박철환 | 경영지원 이춘보 | 디자인 최희윤
펴낸곳 (주)우리교육 | 등록 제 313-2001-52호
주소 03993 서울특별시 마포구 월드컵북로 6길 46
전화 02-3142-6770 | 팩스 02-3142-6772 | 홈페이지 www.uriedu.co.kr

ⓒ 임정훈, 2016
ISBN 978-89-8040-151-2 03370

이 도서의 국립중앙도서관 출판시도서목록(CIP)은 e-CIP홈페이지(http://www.nl.go.kr/ecip)와
국가자료공동목록시스템(http://www.nl.go.kr/kolisnet)에서 이용하실 수 있습니다.
(CIP 제어번호:CIP2016030073)

꼰대 탈출 백서

임정훈 글·사진

우리교육

열다섯 살은 '중'이다

초등학생이 중학생이 되면 모든 게 변한다. 우주의 탄생, 천지 창조와 맞먹는 변화의 소용돌이를 겪어야 중학생이 될 수 있다. 실패하는 때도 있다.

초등학생이던 자녀가 중학교에 진학하면 부모들은 교복을 입은 자녀의 모습에서 잘 성장한 듯한 뿌듯함과 제복(교복)이 주는 단정한 엄숙함 같은 것에 감탄한다. 더불어 이제 어린이가 아니라 청소년이라는, 그러니까 어린애가 아니라는 사실을 주입한다. 무언가 의젓하고 그럴듯한 어른의 행동 양식과 삶의 행태를 요구하는 것이다.

중학생이 되면, 초등학교에는 없던 온갖 구차하고 이유 같지 않은 이유로 자신의 자녀가 학교와 교사로부터 상처받는다는 사실에 부모들은 전혀 관심을 기울이지 않는다. 머리카락 길이가 길다는 이유로, 실내화를 안 신었다는 이유로, 머리 염색을 했다는 이유로, 귀걸이를 걸었다는 이유로, 치마가 짧고 바지통이 좁다는 등의 또 다른 많고 많은 이유 때문에 하루아침에 문제아로 낙인찍히는 현실에 대해 어느 부모도 자신의 자녀가 왜 그런 취급을 받아야 하는지 결코 묻거나 따지지 않는다. 설령 안다고 해도 대체로 침묵한다.

부모나 교사, 어른들 누구도 학교가 이상하다고 생각지 않는다. 자녀가 이상하다고, 당연히 잘못한 거라고만 여긴다. 마트에서 물건 하나를 사더라도 가격 비교부터 기능과 성능, 디자인 등을 꼼꼼히 살펴보던 엄마들도 이런 문제 앞에서는 학교 편이 되고 만다.

오히려 어른 모두가 서로 짬짜미라도 한 듯 이들에게 모든 책임을 전가하고 추궁하기를 주저하지 않는다. 너는 왜 그 모양이냐고, 왜 학교 규칙을 지키지 않느냐고, 도대체 뭐가 되려고 그러는 거냐고. 사실 학교는 오래전부터 아니 생겨나면서부터 그래왔다. 엄마나 아빠가 학교에 다닐 때도 그랬고 그 이전에도 마찬가지였다.

새로 중학생이 된 아이는 혼란스러워진다. 초등학교에 다니던 어제까지만 해도 염색도 예쁘게 하고 가끔 엄마가 골라 준 귀걸이도 걸고 다녔다. 초등학교에도 나름의 규칙이 있긴 했지만 그것으로 징계를 받거나 문제아 취급을 받지는 않았다. 갈색으로 부분 염색을 한 머리카락이 예쁘다고, 반짝이는 귀걸이가 잘 어울린다고 칭찬하고 안아주는 선생님도 있었다. 그런데 중학생이 되어 그렇게 차려입고 학교에 갔더니 학생부에 끌려가서 학교 규정을 거론하고 징계를 운운하며 당장 머리는 검게 하고, 귀걸이는 빼라는 경고를 받았다.

입학식 첫날부터 교복을 제대로 안 입고 왔다고 천둥 벼락이 떨어지고 머리를 염색하거나 귀걸이를 하고 가면 '문제아'로 분류되는 상황에 빠지고 만다. 초등학생이던 어제와 달라진 것이라고는 오늘부터 중학생이라는 것 하나뿐인데 말이다.

어제나 오늘이나 똑같은 사람인데 초등학교에서 중학교로 이동하는 순간 초등학교에서는 별문제 없이 가능했던 당연한 일들이 모두 징계받을 죄가 되고 만다. 학교 규정 혹은 교칙이라는 이름으로. 그러므로 항상 모든 문제는 중학생이 된 아이들에게 있고 학교는 아무 잘못도 없다. 학교는 규정대로 했을 뿐이다. 이건 너무도 당연하고 뻔한 사실이고 이 모습이 바로 중학교와 중학생의 현실이다.

중학생이 되어도 사람은 그대로인데 그를 규정하는 제도와 규율이 변해서 하루아침에 구속, 통제, 억압하기 시작한다. 그것을 모두가 당연하게 여긴다. 당사자인 중학생만 빼고.

초등학생에서 중학생이 되었다는 건 어른으로 가는 본격적인 자아 탐색기에 접어들었다는 뜻이다. 본인도 감당할 수 없을 만큼 몸과 생각의 세포 분열이 왕성하게 일어나는 성장의 시기다. 이들에게는 초등학교 때보다 더 많은 삶과 자유 그리고 시간이 필요하다. 어른(부모)과 학교(교사)는 더 오래 기다려주고 그들이 더 많이 실패하고 실수할 수 있도록 무한한 기회를 제공하고 격려해야 한다. 그래야 학교와 부모가 그토록 바라는 진짜 훌륭한 어른으로 성장할 수 있다.

하지만 대한민국에 그런 학교와 부모는 없다. 학교와 부모에게

'기다림'이라는 말은 외계어다. 당장 눈앞의 입시를 향한 경쟁과 무한 질주만이 있을 뿐이다. 학교 붕괴, 교실 붕괴는 바로 거기에서 출발한다. 아이들은 제대로 일어설 준비조차 못 하고 무기력하게 무너지고 만다. 서로가 서로에게 가해자이며 피해자가 되는 학교 폭력도 같은 출발선에 기대어 있다.

1. 요즘 아이들은 사치를 좋아한다. 버릇이 없고 권위를 조롱하며, 어른을 존경하지 않고, 일하고 행동하기보다 말하기를 좋아한다. 요새는 어른이 방에 들어와도 일어서지 않는다. 부모에게 말대꾸하고 수다스럽고 밥상에서 밥을 게걸스럽게 먹고 스승에게 대든다.
2. 16~17세기 사람들은 학생을 군인, 시종, 부랑아 같은 악당들의 세계에 나란히 배치했다.
3. 우리 아들 산치코가 벌써 만 열다섯 살이란 걸 아나요. 당연히 학교 갈 나이지요.
4. 우리는 사회 비판을 거듭 반복함으로써 요즘 아이들은 불량하다는 사회적 믿음을 굳건히 다지고 있다. 미디어나 동료 교사나 친한 부모들이나 모두 이 같은 의견을 보일지라도 그것이 결코 사실일 리는 없다.

이 인용 글은 모두 아이나 학생과 관련한 것들이다. 차례대로 살펴보면 제일 먼저 인용한 것은 기원전 470~399년 사이에 살았다는 위대한 스승 소크라테스가 남긴 말이다. 2400여 년 전의 이야기이지만 21세기에도 요즘 아이들의 못마땅함에 치를 떠는 꼰대형 어른들에게는 아주 유효하며 큰 공감을 불러일으킬 만한 내용이다.

두 번째는 무례한 학생들의 품행을 보고 16~17세기 사람들이 그들을 어떻게 규정했는지를 알려주는 필립 아리에스가 쓴 《아동의 탄생》의 한 대목이다. "학생은 군인, 시종, 부랑아 같은 악당"이라는 인식 역시 오늘날 무례하고 거칠다고 정의되는 학생들을 바라보는 어른들의 시선과 정확히 일치한다. 괴물, 반인반수 등의 비유로 오늘날의 중학생을 말하는 우리 문화의 구식 버전쯤 될 듯하다.

세 번째 인용은 세르반테스의 소설 《돈키호테》의 한 대목이다. '산초'가 돈키호테를 따라 세 번째 모험을 찾아 떠나는 데 동행하겠다고 하자 아내 '테레사 산초'가 자신과 자식들을 잊지 말라며 하는 말의 일부다. 그러거나 말거나 학교에 갈 나이가 된 열다섯 살 아들을 두고도 아버지 산초는 아무렇지 않은 듯 돈키호테와 함께 떠나고 만다. 열다섯 살 산치코는 그 후 어떻게 되었을까. 악당이나 괴물이 되지는 않았을까.

그러나 21세기 심리학자이자 의사인 미하엘 슐테-마르크보르트는 《번아웃 키즈》에서 네 번째 인용한 바와 같이 "그것이 결코 사실일 리는 없다"고 단언하며 "요즘 아이들은 불량하다는 사회적 믿음"을 인정하지 않는다.

근래에 사람들은 중학생, 그 가운데서도 중2를 콕 집어서 '괴물', '정신병자' 혹은 '반인반수' 등으로 부른다. '중2병'이라는 말도 유행어 수준은 넘어섰고 아직 사전에는 오르지 않았지만 표제어처럼 쓴다. 아직 무엇이 될지 안 될지조차 잘 모르는 아이들을 가리키는 어른의 용어치고는 살벌한 기운마저 감돈다. 자신들의 올챙이 때를 까맣게 잊은 탓이기도 하겠지만 가혹하다는 느낌을 떨칠 수 없다.

이들에게 '행복'은 사전에만 나오는 희귀하고 낯선 단어다. 몰아세우기만 하는 세상에서 초등학생도 고등학생도 아닌 영 어중간한 중학생들은 '괴물'이거나 '반인반수'이거나 '정신병자'가 될 수밖에 없다. 그렇게라도 버티고 견뎌야 삶을 유지할 수 있다. 이 책에 등장하는 학생들은 바로 그런 삶을 사는 실존 인물들이다.

그런 세상과 어른의 편견이 얼마나 무서운 폭력인가를 중학생들과 함께 부대끼며 살아온 관찰 기록으로 풀어볼까 한다. 그들이 정말 괴물인지, 도대체 누가 그들을 괴물로 만들었는지, 진정 그들은 누구인지 등을 여러 가지 실화를 바탕으로 중학생 '사람'에 대해 말해보려는 것이다.

이 글에서 다루는 일화들은 보기에 따라 지극히 예외적이어서 놀랄만한 상황일 수도 있고 너무나도 평범하고 사소한 일상적인 '리얼' 그대로의 이야기일 수도 있다. 분명한 것은 부풀리거나 왜곡하지 않은 21세기를 사는 실제 중학생들의 모습이라는 점이다.

세상이 무어라 낙인찍고 손가락질을 하더라도 이들은 나름대로 자신들의 세계를 만들어 열중하며, 그 안에서 울고 웃고 즐겁고 아프게 성장하는 현재진행형의 인생들이다. 열다섯 살 중학생들은 '중2'이기도 하지만, 모두 힘겹게 애쓰며 성장하는 중(~ing)이기도 하다. 그러므로 중2병은 세상에 없다.

열다섯 살은 15세만을 한정하는 것이 아니라 모든 중학생과 또래 청소년들을 의미한다. 이들의 짓궂고 아름다우며 눈물 나는 성장 과정을 공감하고 새로운 소통의 길을 찾는 계기를 마련하고 싶다.

이 책을 중학생 시기를 앞둔 초등학생들과 그들의 부모와 교사부터 중학생은 물론 고등학생과 그들의 부모와 교사까지 두루 함께 읽기를 바란다. 부모나 자녀, 교사와 학생이 서로가 서로에게 건네는 책이 되어도 좋을 것 같다. 그래서 숨통을 여는 교육, 삶을 위한 토론과 이야기들이 가정과 학교에서 더 많이 오가기를 희망한다.

사정상 완결 짓지는 못했지만 《오마이뉴스》에 〈열다섯 살은 중이다〉라는 제목으로 연재 당시 놓치지 않고 찾아 읽으며 관심을 보여주었던 독자들께도 이 책이 연재를 완결 짓는 선물이었으면 싶다.

아름답고 풋풋하며 아프고 시큰하게 자신의 삶을 보여준 이 책 속 모든 주인공에게 가장 크고 한없는 사랑과 미안함을 전한다.

끝으로 책 속에 등장하는 학생들의 이름은 모두 가명(부록 제외)으로 썼음을 밝힌다.

3. 중학생의 권리를 생각하다

1

우린 꼴통이 아니라고요

짝사랑, 첫사랑, 중2의 사랑

3초간의 첫사랑

준기는 '중2'다. 세상 사람들이 가장 무섭다고 말하는 바로 그 중학교 2학년. 그러나 준기는 온순하며 성실하고 착하다. 이런 추상적인 표현들로 다 말할 수 없을 만큼 괜찮은 친구다. 굳이 흠 아닌 흠을 찾으라면 또래보다 좀 몸집이 크고 둥글둥글하다는 것 정도.

이팔청춘 15세, 인생의 봄인 사춘기에 발동이 걸리면서 바야흐로 준기에게도 사랑이 찾아왔다. 위 송곳니 두 개가 덧니로 나온 같은 반 명지한테 한눈에 반한 것이다. 준기는 "고 계집애 덧니 난 고 계집애랑/나랑 살았으면 하고 생각했"[1]는지도 모르겠다.

혼자서 속앓이 한 세월만 해도 서너 달. 준기와 친한 친구들

---

1. 안도현 시, 〈풍산초등학교〉 중에서.

은 준기가 명지를 마음에 두고 짝사랑을 앓는다는 것을 알고 있었다. 준기는 담임인 내게도 슬쩍 그런 속마음을 드러냈다. 친구들은 용기를 내어 고백해보라고 조언했지만 준기는 그럴 숫기가 없었다. 명지의 얼굴만 봐도 심장이 쿵, 멈추는 것 같은데 고백이라니. "그렇지만 날이 갈수록 고 계집애/고 계집애는 실처럼 자꾸"[2] 준기를 "휘감아왔다"[3].

그렇게 두어 달이 더 지난 어느 날. 준기가 사랑을 잃었다는 소식을 들었다. 아직 고백도 못 하고 혼자 속으로만 두근거리고 있는 줄 알았는데 실연이라니? 사정을 알아보니 이랬다.

준기의 속앓이를 보다 못한 친구들이 강력하게 부추겨, 준기는 용기를 내어 3교시 쉬는 시간을 이용해 명지에게 고백을 했단다.

"명지야! 나, 너 좋아해. 나랑 사귈래?"

단도직입. 짧았지만 온 마음을 담은 진심 어린 표현이었다. 명지의 대답도 분명하고 또렷하며 짧고 단호했다.

"난, 너, 싫어!"

명지의 대답이 준기의 머릿속에서 벼락처럼 번쩍이더니 메아리가 되어 막 울렸다고 했다. '싫어! 싫~어~! 싫~어~어~~!'라고. 그 순간 준기는 잠깐이나마 자신의 고백을 무참하게 만든 명지의 그토록 예뻐 보이던 덧니를 몽땅 뽑아버리고 싶었을지도 모르겠다. 그렇게 준기의 고백은 무너졌다. 겨우, 3초 만에, 그 엄청난 일이, 훅 날아갔다.

---

2. 3. 안도현 시, 〈풍산초등학교〉 중에서.

그 후로도 명지의 마음은 끝내 열리지 않았고 준기의 '3초 고백' 사건은 한동안 친구들 사이에서 놀림감이 되었다. 숯가마에서 굽는 삼겹살도 아닌데 3초 만에 홀랑 타버린 준기의 고백.

그날 이후 준기는 명지 근처에도 가지 못하고 우울해 했다. 여전히 명지의 그림자가 실처럼 휘감고 있었다. 하지만 명지는 아무 일 없었다는 듯 원래 모습 그대로 유유자적. 아, 삼겹살보다 못한 고백의 애처로움이여, 열다섯 살 무정한 첫 사랑이여!

봄바람처럼 떠난 사랑

동규는 새봄 새 학기를 맞으면서 같은 반이 된 송이랑 사귀기로 했다. 동규는 키도 크고 인물도 잘생긴 편이어서 여학생들에게 워낙 인기가 높았다.

둘이 사귄다는 소문이 나자 송이는 다른 여학생들의 부러움과 질투를 한 몸에 받았다. 쉬는 시간에도 둘은 꼭 붙어 있으면서 애정 행각을 벌여 친구들의 원성을 사는 일도 많았다. 다행히 선생님들한테 둘의 애정 행각이 걸린 적은 아직 없었다.

5월 어느 날, 담임 선생님과 함께 한 달에 한 번씩 동네 산에 가는 날이었다. 동규와 송이도 따라나섰다. 산 입구부터 둘은 꼭 붙어서 걸었다. 손을 잡기도 하고, 등산로에 나뭇가지가 가로놓여 있으면 동규가 그걸 치워주기도 했다. 동규가 무어라고 속삭이면 송이가 웃음소리를 하늘로 피워 올렸다. 손으로 입을 가리

긴 했지만 웃음소리는 맑고 크게 번졌다. 움트기 시작한 숲의 새 잎들이 환해졌다.

동행한 친구들은 그런 둘을 무심한 듯 부러운 듯 바라보았다. 산에는 때죽나무가 하얀 꽃을 종처럼 댕그랑 댕그랑 달고 있었다. 그 아래 후드득 떨어진 작은 종들은 축복처럼 은은한 종소리를 내고 있었다. 그러나!

동규와 송이의 사랑은 그 날 이후 일주일을 넘기지 못했다. '성격 차이'로 헤어지고 만 것이다. 그로부터 얼마 후 동규는 새로운 사랑을 시작했고 은빛으로 반짝이는 커플링까지 손가락에 나눠 끼고 새로운 애정 행각을 펼치기 시작했다. 송이는 나 홀로의 삶을 만끽하며 독야청청.

사랑에 지치는 중2다

현이(여)와 빈이(남)는 중학교에 입학하면서부터 눈이 맞았다. 서로 반은 달랐지만 100m도 넘는 일자형 복도에서 스치듯 마주친 이후 첫눈에 반했다. 쉬는 시간이면 서로를 찾아다니며 붙어 있기를 3년째. 9학급이나 되는 같은 학년 모든 친구가 둘의 사랑을 공인한 것은 물론 선생님들도 둘이 사귄다는 건 다 알고 있었다.

애정 행각을 금지한 학교 규칙에 한 번도 걸리지 않으면서 현이와 빈이는 그렇게 알콩달콩 사랑의 배터리를 빵빵하게 충전해

가고 있었다.

현이와 빈이가 사귄 지 700일 하고도 수십 일이 지난 어느 날. 3학년이 되고 얼마 지나지 않은 3월의 첫 화요일. 빈이가 현이에게 이별을 통보했다.

"우리 이제 그만 사귀자."

"왜?"

"그냥…."

"…."

둘은 그렇게 새봄맞이 이별을 했다. 현이는 빈이의 갑작스러운 통보가 실감 나지 않았다. 700일 넘게 사귀면서 둘이 싸우고 화해한 적은 여러 번 있었지만 헤어지자니, 일방적인 이별 통보라니!

시간이 얼마쯤 더 흐른 후 나는 빈이에게 슬쩍 물어봤다. 왜 헤어지자 했느냐고. 빈이가 대답했다.

"700일 넘으니까 너무 지쳐서요."

하루하루의 고단한 삶도 사람을 지치게 하지만 사랑도 사람을 지치게 하는 때가 종종 있다. 어른들만 느끼거나 체험할 수 있는 건 아니다. 열다섯 살들도 사랑에 지칠 때가 있다. 사랑은 어른도 아이도 아닌 '사람' 모두의 일이기 때문이다.

어른들이 그러하듯 중학생들 사이에서도 이렇게 사귀고 헤어지는 일은 흔하다. 헤어졌다가 다시 사귀는 일도 종종 있다. 구관이 명관 아니, 옛사랑이 내 사랑이라는 걸 깨달았다나 뭐라나. 본인들도 그걸 심각하게 생각지 않고 친구들도 헤어졌다 재결합

하는 걸 비난하지 않는다.

　이들에게도 사랑의 이동은 자연스러운 감정의 흐름이다. 어른들 눈에는 한없이 볼품 없고 유치하겠지만 분명, 중학생도 사랑한다! 왜냐고? 사랑은 죄가 아니므로. 학교 규정이라는 이름의 온갖 징계 장벽과 처벌의 위험을 무릅쓰고 보란 듯이. 멀고 먼 옛날 옛적, 이팔청춘 이몽룡과 성춘향이 애틋했듯, 로미오와 줄리엣이 격렬했듯.

* 700일을 넘기며 지쳤다고 사랑 중단을 선언한 현이와 빈이는 잠깐 쉬면서 기운을 차렸는지 다시 시작해서 1000일을 넘겼다. 발칙하게도!

사랑도 LTE로

하늘색 오빠님~🖤

봄은 여자의 계절이라고 했던가. 지은이도 인생의 열다섯 번째 봄날을 맞았다. 벚꽃이 활짝 피어 흐드러진 4월의 어느 날, 등굣길 학교 가는 버스 안에서 한 '오빠님'을 보곤 첫눈에 마음을 내놓고 말았다. 지은이는 주저 없이 손가락으로 하트를 만들어 오빠에게 날렸다. 최대한 예쁜 표정으로 한쪽 눈도 찡긋했다. 등교전 아침에 화장하며 붙인 속눈썹이 잘못되지 않도록 신경을 쓰면서.

마음이 통했는지 오빠도 말없이 엄지와 검지를 겹쳐서 손가락 하트를 날려주었다. 지은이는 좋았다. 교복이 아닌 하늘색 티셔츠를 입고 있었으니 오빠는 분명 중고생은 아닐 터였다(사복으로 등교하는 간 큰 중고생일 수도 있긴 하지만). 중학생인 지은이와는 나이 차이가 제법 날 텐데 그러거나 말거나 지은이는 '하늘색 오빠'에게 마음을 송두리째 빼앗기고 말았다.

학교에 와서도 지은이는 등굣길 버스에서 스친 오빠 생각을 떨칠 수가 없었다. 교실 어디를 둘러봐도 그 오빠 얼굴만 동동 떠다녔다. 마침 2교시 국어 수업 시간. 지은이는 연습장 한 장을 정성스레 찢었다. 그러고는 선생님 몰래 '후아유 하늘색 오빠님'에게 편지를 쓰기 시작했다.

후아유⁴ 하늘색 오빠님께♥

오라버니~ 안녕하세요?

저는 어제 버스에서 오빠에게 하트를 날렸던 귀엽고 이쁜 지은이예요)-〈

어제 저한테 하트를 날려서 너무 좋았어요 ㅎㅎ.

오빠님 또 보고 싶어요. 흐잉. 우리는 언제쯤 만날 수 있을까요?

저는 진짜 너무 좋아서 얼굴까지 빨개졌어요.

정말 한 번만이라도 만나보고 싶어요.

잘하면 저희가 인연일 수도… 꺄아악. 부끄럽다 정말.

진짜 그렇게 멋있는 사람은 오빠가 처음이에요.

우리 만나면 벚꽃구경 할래요?

오빠는 언제나 제가 나중이라도 알아볼 수 있게 항상 하늘색 후아유를 입어줬으면 좋겠어요. 헤헹.

---

4. 의류 브랜드 이름.

그게 힘들다면 맨날 하트를 하고 다녔으면 좋겠어요.

근데 우리 나중에 볼 수 있겠죠? 볼 날을 기다릴게요.♥

-언제나 오빠 생각인 여신 지은이가

지은이가 쓴 편지에는 국어 시간에 배운 미사여구의 표현도 없고 간절한 비유법도 없다. 대신 마음을 쏟은 구구절절한 사랑의 속삭임이 있었다. 그저 하늘색 티셔츠를 입은 오빠가 좋다는데, 좋아 죽겠다는데 그것 말고 뭐가 더 필요할까.

그날 이후 지은이는 내게도 몇 번이나 그 오빠 연락처를 알아봐 달라고 부탁했다. 물론 내게는 그런 재주가 없었다. 등굣길 버스에서 감질나게 스치듯 만난 이후 마음에서 떠나지 않는 오빠의 목소리라도 들으며 애절함을 달래고 싶었던 것이리라.

그런 지은이의 행동은 거침없어 보였다. 당장에라도 오빠를 만나기만 하면 단둘이 손잡고 만개한 벚꽃 거리를 거니는 사랑을 이룰 것 같았던 모양이다. '벚꽃엔딩'을 배경음악 삼아서 말이다.

하지만 지은이와 후아유 오빠의 등굣길 로맨스는 그것으로 끝이었다. 더 이상 후아유 오빠를 등굣길 그 버스에서 만날 수 없었다. 어쩌면 하늘색이 아닌 꽃분홍 티셔츠를 입고 나타나서 지은이가 알아보지 못했는지도 모르지만. 마음만 요란했을 뿐 더 다가서지도 물러나지도 못한 지은이는 시간이 흐르면서 시나브로 마음을 정리했다.

지은이가 써놓고도 차마 오빠에게 건네지 못한, 하늘색 펜으로 쓴 고백 편지만이 어설픔과 뜨거움을 간직한 채 지나간 사랑의 증표처럼 남아 있을 뿐.

'사회봉사'에서 만난 오빠, 너무 좋아버렸네

혜지는 학교에서 가끔 담배를 피우곤 했다. 이미 엄마한테도 들켰고, 학교에서는 흡연자 명단에 이름을 올린 지 오래여서 친구들과 선생님들도 알 만한 사람은 다 아는 일이었다.

집에서나 학교에서나 담배를 끊으라며 겁을 주는 일이며 그로 인해 불려 다니는 일이 잦았다. 가끔 집에서 담배를 피우다 엄마한테 걸린 날에는 효자손으로 두들겨 맞기도 했다. 그러나 초등학교 6학년 때부터 피우기 시작한 담배는 쉽게 끊을 수 있는 게 아니었다.

학교에서도 흡연 단속에 안 걸리면 다행이었지만 결코 그럴 리가 없었다. 담배는 연기와 냄새라는 증거를 너무 적나라하게 남기기 때문이다. 연기와 냄새가 없는 담배가 나온다면 혜지는 그걸 입에 물고 하루 종일 만세를 부를지도 모른다.

혜지는 종종 학교 화장실에서 쉬는 시간을 이용해 끽연의 긴장감을 즐겼다. 몇 번씩 걸려서 벌도 서고 꾸중도 들었다. 그러다 결국 5일간의 사회봉사 징계를 받게 됐다. '사회봉사'는 징계의 한 종류로 학교에 나오는 대신 장애인 시설, 요양원, 양로원, 보육원 등 인정 복지시설이나 기관에 가서 봉사 활동을 하는 것이다. 출석으로 인정은 하지만 자발적으로 하는 봉사 활동과는 다르다. 부모도 함께할 수 있으며 사회봉사를 마치면 해당 기관에서 증명 서류를 발급받아 학교에 제출해야 한다.

혜지는 학교 가까운 곳의 양로원으로 사회봉사를 가게 됐다. 바로 그곳에서 역시나 사회봉사 징계를 받고 온 고등학생 오빠를 운명적으로 만나게 되었다. 키도 크고 잘생긴 오빠였다. 그와 설거지도 함께하고 간식도 같이 먹었다.

징계로 가게 된 사회봉사였지만 오빠를 만나면서 지옥이 천국으로 바뀐 것 같았다. 혜지는 사회봉사 징계를 받게 된 게 오히려 축복이다 싶었다. 그런데 서로 기간이 엇갈리면서 작별 인사를 못 한 채 사회봉사를 마쳐야 했다. 오빠가 이틀 먼저 사회봉사를 마쳤는데 혜지에게 아무런 말도 없이 가버리고 만 것이다.

혜지는 그 아쉬움과 서운함을 학교로 돌아와 문학으로 승화시켰다. 평소에는 관심도 없던 시로 자신의 마음을 표현한 것이다. 최첨단 디지털 SNS 시대에도 중학생들의 사랑은 아날로그로 접속해 시인이 되게도 한다. 그렇게 해서 사회봉사에서 만난 오빠와의 짧은 사랑은 화끈한 한 편의 불후의 명작이 되었다.

오빠와의 첫 만남

사회봉사를 갔네
잘생긴 오빠를 만났네
키도 크네
매력적이네

너무 좋아버렸네

설거지를 같이했네
강냉이도 같이 먹었네
하지만 마지막 인사를 못 했네
너무 좋아버렸네

머리에 피도 안 마른 것들

풍속의 질서에 도전!

3교시 수업을 마치고 쉬는 시간이었다. 영어 선생님이 희수(여)와 찬규(남)를 교무실로 '끌고' 왔다. 죄명은 풍기문란. '풍속의 질서가 바로 서 있지 않고 어지럽다'는 게 풍기문란의 뜻이니 희수와 찬규가 학교 풍속의 질서를 어지럽혔다는 것이다.

권명아 교수는 "한국에서 풍기문란의 개념이 형성되고 재생산된 과정은 일본의 식민 통치와 밀접한 관련이 있"으며, "풍기문란 통제에 대한 법적 토대와 이념은 일본강점기 때에 형성되어 지금까지도 지속되고 있다."[5]고 밝힌 바 있는데 각설하고, 사연을 들어보니 살짝 놀랄 만했다.

'풍속의 질서'가 세상의 흐름이나 속도를 전혀 따라잡지 못하고 폭삭 주저앉아 있는 대한민국의 학교 문화에서 이들의 행동

---

5. 권명아, 《음란과 혁명-풍기문란의 계보와 정념의 정치학》(2013) 중에서.

은 불쑥 솟아오른 혁명적 발상이었다.

희수와 찬규는 사귄 지 두어 달 남짓했다. 서로 같은 반이었다. 둘은 죽고 못 살아 안달 난 사이였다. 쉬는 시간에 함께 붙어서 속삭이는 것은 당연했다. 수업 시간에는 친구들에게 부탁해 자리를 바꾸어 짝꿍이 되어 앉았다. 담임 선생님 시간에는 언제 그랬냐는 듯 원래 자리로 돌아가서 태연한 모습을 보이면서 말이다.

그러던 어느 봄날 3교시 영어 수업이 한창 무르익을 무렵. 수업을 진행하던 영어 선생님은 교실 뒤편에서 나는 수상한 소리를 들었다. 처음에는 잘못 들었나 싶어 무심히 그냥 지나쳤다. 그런데 다른 학생들의 눈빛과 분위기가 평소와 달랐다. 얼마 후 바로 그 수상한 소리가 다시 들렸다. 이번에는 선명했다.

"쪽~ 쪽!"

책상 두 개를 붙여 짝을 짓고, 중간중간 통로를 만들어 여섯 줄이 나란히 앉아 있는데 가운데 맨 끝자리에 같이 앉아 있던 희수와 찬규가 함께 내는 소리였다. 책상에 낮게 엎드려서 교과서를 세워 열심히 문제를 푸는 척 모양을 만들어놓고 둘이서 살짝쿵 입맞춤을 한 거다.

아주 큰 소리는 아니었지만 교실을 흔들어 놓기에는 충분한 음향 효과. 영어로 소리를 냈더라면 안 들켰을까. 어설프고 서툰 입맞춤이 빚은 대형 참사였다.

그 기막힌 광경을 마치 정지 화면인 듯한 착각 속에 직접 확인한, 교육 경력 30년을 넘긴, 나이가 예순에 가까운 영어 선생님은 고만 입이 딱 벌어졌다. 평소에도 불같은 성격이었기에 어찌된 사정인지 묻고 자시고 할 것도 없었다.

마침 수업을 마치는 종이 울리자마자 영어 선생님은 찬규와 희수 둘을 교무실로 끌고 왔다.

교무실에 끌려온 찬규와 희수는 아무 말도 못 하고 서 있고, 영어 선생님은 참았던 화를 터뜨렸다.

"너희 수업 시간에 그게 뭐하는 짓이야! 여긴 학교야 학교! 학교가 너희 연애하는 곳인 줄 알아? 머리에 피도 안 마른 것들이 도대체 수업 시간에 무슨 짓이냐고? 응?"

영어 선생님은 씨근벌떡 거친 숨을 몰아쉬며 찬규와 희수에게 한바탕 퍼부었다. 그걸 한동안 지켜보던 담임 선생님이 자신이 찬규와 희수를 데리고 이야기를 해보겠다며 영어 선생님을 만류하고 나섰다. 그러지 않았다면 영어 선생님은 계속 화를 내다 쓰러졌을지도 모를 일이다.

남녀공학에서 중학생들이 사귀며 애정 행각을 벌이는 일은 흔하다. 어제의 연인이 오늘은 타인이 되고, 어제 친구의 연인이 오늘 나의 애인이 되기도 한다. 그렇다고 모두 찬규와 희수처럼 대놓고 수업 시간에 일을 벌이는 건 아니다.

쉬는 시간이나 점심시간에 서로 손을 잡고 다닌다거나, 남학생이 여학생의 보호자 혹은 흑기사 노릇을 하며 챙겨주거나 호위하는 정도. 온갖 선물을 주거니 받거니 하며 애정을 과시하는 정도. 좀 더 보태면 아무도 몰래 둘이 껴안거나 입맞춤을 하는 정도가 중학생이 하는 애정 표현의 대부분이다.

중학생 앞에 강해지는 꼰대 본능

우리나라 거의 모든 중고교의 교칙이나 학교생활 규정에는 "남녀 학생이 교내에서 만날 때는 개방된 장소를 이용해야 한다."라는 조항이 있다. 10대들(의 사랑)을 위험하다고 생각하는 어른들의 삐딱한 상상이 만들어놓은 '유령 그물'인 셈이다. 사랑을 어떻게 만들고 가꾸어야 하는지를 알려주거나 가르치는 대신 금지와 감시만 촘촘하다. 이미 인생의 봄을 만나 지극히 자연스러운 성장의 과정을 지나고 있는데 말이다.

예외적인 경우이긴 하나 선을 넘어서는 일도 그들 사이에서는 드물게 벌어지기도 한다. 지난 2015년 2월 대한간호학회지에 수

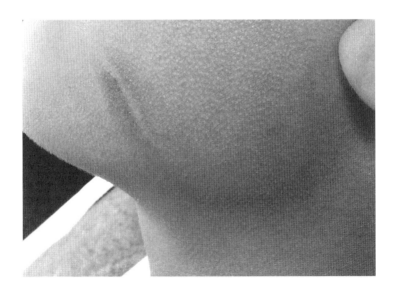

록한 〈중학생 성관계 경험 영향 요인〉이라는 논문에 따르면, 전국 400개 중학교에 재학 중인 학생 37,297명의 응답을 바탕으로 분석한 결과, 성 경험이 있는 중학생은 725명으로 1.9%였다. 이 중 남학생은 2.5%, 여학생은 1.6%로 나타났다.

사정이 이러한데도 중학생들의 사랑을 두고 케케묵은 '풍기문란'의 범죄 혐의만 씌워 화내고 욕하면서 처벌부터 하려는 건 시대착오적 사고, '꼰대리즘'의 발로라고밖에 표현할 길이 없다. 어른들의 눈앞에서만 하지 않고 보이지 않으면 되는 것일까. 금지하고 감시하며 벌주기 전에 아름답게 사랑하고 흉터 없이 이별하는 법을 제대로 가르치는 게 학교와 어른들의 일이었으면 한다. 사랑은 삼라만상 모두의 일인데, 그 가운데 가장 귀하다는 사람, 중학생도 바로 그 '사람'이므로.

그건 그렇고! 담임 선생님께 불려간 희수와 찬규는 천만다행으로 징계를 피할 수 있었다. 여차했으면 '교내봉사'나 '사회봉사' 정도의 징계를 받을 일이었다. 둘 사이를 아는 담임 선생님이 주의하라고 하고, 찬규와 희수가 재발 방지를 약속하는 것으로 깔끔하게 마무리되었다. 집에도 따로 연락하지 않기로 했다.

그러나 그 후로도 한동안 몇몇 꼰대정신이 투철한 선생님들은 이름 대신 '수업 시간에 뽀뽀한 놈들'이라는 애칭(?)으로 둘을 불러대는 통에 찬규와 희수는 얼굴을 붉혀야 했다.

'야동'과 'ㅅㅅ' 사이

이팔청춘이면 호기심이 동할 그것

청소년이 당면한 성 문제에 대해 '지나치게 많은' 정보는 있을 수 없다고 확신한다. 왜냐면 아이들은 사실을 알기를 원하고, 또 사실을 안다는 것은 필요한 일이기 때문이다.[6]

"(이 도령이) 춘향의 허리를 안고 상하의복을 모두 벗겨 병풍 위에다 걸떠리고 도련님도 옷을 벗고 꼭 끼고 누웠으니 좋을 호(好) 자가 절로 된다. 베개가 위로 솟구치고 이불이 발치로 벗어지고 침병이 뒤쳐질 제 뜬눈으로 날을 새니 동방이 히번이 밝아온다."

---

6. 크리스 메르코글리아노, 공양희 옮김, 《두려움과 배움은 함께 춤출 수 없다》 (2005) 중에서.

판소리 〈춘향가〉(김연수 창본 '동초제') 사설의 한 대목이다. 단 옷날 광한루에서 그네 뛰는 춘향을 보고 춘정에 겨웠던 몽룡이 춘향의 집을 찾아가 다짜고짜 첫날밤을 치르는 장면을 묘사한 부분이다(뒤에 이어지는 '사랑가' 대목은 더 깊다).

이 같은 엄청난 사실을 월매는 날이 밝아서야 겨우 알아차린다. 이몽룡과 성춘향이 제대로 '사고'를 친 것이다.

당시 이몽룡과 성춘향은 이팔청춘 그러니까 요즘으로 치면 열대여섯 살, 학교를 다녔다면 중학생 또래다. 만약, 중학생 이몽룡과 성춘향이 저렇듯 용감하고 거침없이 사랑을 나누었다면 둘의 운명은 어떻게 되었을까. 십중팔구 둘 다 문제아로 낙인찍혀 학교와 집에서 찬밥 신세를 면하기 어려웠을 터다.

중학생 성관계(이성 또는 동성) 시작 연령이 2007년 11.4세(남 11.1세, 여 12.1세)에서 2014년 10.7세(남 10.6세, 여 10.9세)로 남녀 모두 전반적으로 빨라졌다는 청소년 건강 행태 조사 결과 자료는 어른들이 기함하기 충분하다. 용돈 많고 성적 좋은 중학생의 성관계 비율이 높다는 논문 자료도 놀랄 만하기는 마찬가지다.

통신 기술이 발달하고 초등학생도 휴대전화를 지니게 되면서 '손 안의 야동 세상'이 가능해졌다. 언제든 마음만 먹으면 터치 몇 번으로 야동 세상으로 날아갈 수 있는 호시절(?)이 된 것이다. 버젓이 길 위에 나뒹구는 온갖 성인물이 유혹하는 세상이지만 '야동'과 'ㅅㅅ('섹스'의 첫 자음들)'이 중학생들에게 그리 만만하고 쉬운 일만은 아닌 게 또 현실이기도 하다.

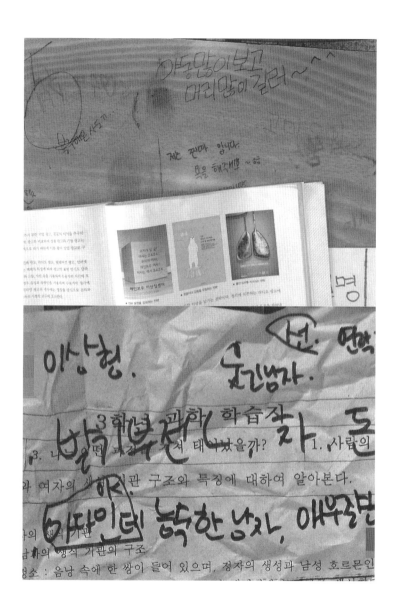

세상이야 뭐라고 하든 말든 이몽룡과 성춘향의 좋을 호(好) 자를 몹시도 부러워할 중학생들이 펼쳐놓는 몇 개의 장면을 통해 그들의 '성'이 어떤 모습인지 알아보자. 단, 음란 마귀가 깃든 관음증은 정중히 사양한다.

호기심과 성폭력의 경계에서 줄타기를 하다

평소에는 결혼식장에 입장하기 30초 전의 신부 같은 열다섯 살 남학생 민준이. 청춘의 봄을 맞으며 성에 대한 호기심이 마구마구 발동했다. 초등학교 5학년 때 처음 보았다는 야동은 중학생이 된 지금까지 그에게 소중한 친구 같은 존재다.

공부도 잘하는 편이어서 학교에서는 나름 모범생으로 인정받는다. 그런 민준이가 교실 책상 위에 한 줄 붉은 글씨로 써놓은 문장이 있었다. '태어나서 야동이 제일 쉬웠어요'.

공부도 운동도 친구들과의 관계도 부족함 없는 민준이였는데 그중 제일 쉬운 게 '야동'이었다는 깜찍하고 솔직한 고백을 책상 위에 큼지막하게 펼쳐놓은 것이다. 너무 솔직하게 까발려서 오히려 그 문장에서는 아무런 욕망 같은 게 없어 싱겁게 느껴지기까지 했다.

《공부가 제일 쉬웠어요》라는 오래된 책의 제목을 패러디해 '야동'으로 변주한 녀석의 기발한 발상 뒤집기 한 판에 절로 웃음을 지었다. 야동에 대한 무한한 애정과 신뢰이거나 반대로 야동에 대한 유혹을 떨쳐버리기 위한 폭로성 자기 경고 같은 것이 아닐까 싶은 생각도 들었다.

하지만 대놓고 물어보지는 못했다. 왜 그런 문장을, 하필 책상 위에, 다른 색깔도 아닌 빨간 펜으로, 그게 무얼 의미하는지 등의 샘솟는 궁금증은 덮어두었다. 물어봐서 될 일도 아니거니와 야동이 제일 쉬웠다는 건 한편으로는 이미 그 세계에서 일정한 거리를 두고 있음을 의미하는 것이기도 하다고 생각했기 때문이다.

이번에는 현철이다. 수업을 시작하기에 앞서 책상 네 개를 붙여 한 덩어리의 모둠을 만들도록 했다. 모둠 활동을 위해서였다. 현철이네가 모둠을 만들기 위해 책상머리의 방향을 맞춰 자리를 잡는 사이 언뜻 보이는 게 있었다.

그걸 보려고 다가가는 사이 책상은 반듯한 모둠 형태를 갖췄는데 이럴 수가! 현철이는 자기 책상 왼쪽 귀퉁이에 크지도 작지도 않은 글씨로 '옆집 누나.avi'라고 가지런하게 써놓았다.

"어느 날 나는 친구 집엘 놀러 갔는데 친구는 없고 친구 누나가 낮잠을 자고 있었다"라는 내용이 등장하는 황지우 시인의 시가 얼핏 스쳐갔다. 그리고 이내 현철이의 내밀한 세계 한 켠을 들여다 본 것 같아 '이 녀석도 참…' 하는 마음이 들었다.

없는 누나에 대한 그리움 같은 것이 자극적인 성적 판타지로 드러났을 '옆집 누나.avi'가 현철이에게는 특별(?)했나 보다. 책상 위에 '옆집 누나'를 모셔다 놓을 지경이 되었으니 말이다. 이는 성에 대한 호기심과 성폭력의 경계에서 아슬아슬하게 줄타기를 하는 중학생의 모습이기도 하다.

욕망의 지옥에 빠진 열다섯

1학기 1차 지필 평가(중간고사를 요즘은 그렇게 부른다) 마지막 날 종례를 마친 무렵이었다. 저마다 시험을 끝낸 해방감에 환호성을 지르는 학생들의 모습이 시원해 보이기도 하고 안쓰럽기도 했다. 학교에서 1분 1초라도 빨리 벗어나야겠다는 생각으로 서둘러 가방을 챙겨 교실 문을 나서는 규태에게 시험도 끝났는데 오늘 뭐 할 거냐고 슬쩍 물었더니 돌아온 대답.

"집에 가서 야동 볼 거예요."

"야구 동영상?"

"에이~."

시험 끝났으니 '야동'을 보겠다고? 갑자기 치고 들어온 녀석의 너무도 당당한 말에 허를 찔린 듯 살짝 당황했다. 얼른 아무렇지 않은 듯 '야구 동영상'을 말하는 거냐고 되물었더니 다 아는 처지에 왜 이러냐는 표정을 지어 보였다.

거기에 웃음을 보태면서 한마디를 남기고 녀석은 황급히 사라졌다. 정신없는 사이 뭔가에 홀린 느낌.

그렇게 학생들이 집으로 돌아간 후 그들과 연결된 SNS를 열었다.[7] 공교롭게도 거기엔 규태와 한마음 한뜻인 학생들의 발언들이 날것 그대로 올라와 있었다. 휘동이가 올린 "야동 보고 싶다"

---

7. 2015년 인터넷 이용 실태조사 결과에 따르면 중학생의 73.1%가 SNS를 이용하는 것으로 나타났다(2016년 청소년 통계 참조).

와 노규가 쓴 "ㅅㅅ하고 싶다"가 차례로 타임라인을 흔들었다.

이미 그 아래에는 친구들이 달아놓은 수십여 개의 댓글이 주렁주렁 매달려 있었다. 휘동이와 노규의 글에 우호적인 반응 나아가 동참(?)하고자 하는 댓글과 이건 좀 아니니 삭제하라는 반응이 팽팽했다.

'ㅅㅅ'를 두고 '세수'하고 싶다는 것이냐, 혹은 '살살'하고 싶다는 것이냐 하고 묻는 시답잖은 농담도 간간이 있었다.

'야동'과 'ㅅㅅ' 사이에서 그들은 격렬하게 논쟁을 벌이고 있었다. 어느 수업 시간보다 치열했고 적극적이었으며 진지했다. 남녀를 구분할 필요도 없었거니와 누가 먼저랄 것도 없었다. 그들은 그렇게 그들 나름대로 세상에서 허락되지 않은 금기에 맞서 치열하게 투쟁 중이었다.

그러나 SNS에서 그토록 치열하게 토론하던 학생들도 막상 현실로 돌아오면 '야동'이나 'ㅅㅅ' 앞에서 머뭇거리고 망설이게 마련이다. 그 때문에 억압된 욕망은 역설적이게도 더욱 크게 욕망을 자극한다. 이들은 어쩌자고 열다섯 살이 되어서 이런 욕망의 지옥에 빠져 있는 것일까.

스스로 욕망의 화신이 되어 '시험 끝 야동 시작'을 당당하게 선언한 규태가 집에 가서 정말, 무사히, 야동 관람에 성공했는지는 그가 들려준 바가 없으니 자세한 뒷이야기는 알 길이 없다. 시작과 끝이 한결같지 않은 녀석이라고 혼자 속으로 생각할 밖에. 음란 마귀를 물리칠 수 있는 부적이라도 하나 얻어다 줘야 하는 걸까.

음란하거나 솔직하거나

중학생들은 종종 신체를 이용해 낙서를 한다. '성'과 관련한 것도 예외가 아니다. 수업을 진행하다가 앞자리에 앉은 남학생의 손등에 써놓은 글씨를 보게 됐다. 뭔가 싶어서 자세히 봤더니 "실전 ⑲ 첫 경험 야동은 질렸다, 실전!"이라고 사인펜으로 휘갈겨 쓴 듯한 문장이 있었다.

그래서 물었다. 그랬더니 기다렸다는 듯 옆자리에 앉은 여학생이 저지른 만행이라고 볼멘소리로 일러바치는 게 아닌가. 지난 쉬는 시간에 여학생이 남학생의 손등에 컴퓨터용 사인펜으로 그런 문장을 휘갈겨 썼다는 이야기다.

여학생에게도 물었다.

"왜 그랬어요?"

"그냥 장난으로…."

"첫경험 실전 어쩌고 하는 게 장난…?"

"네, 그냥 장난…."

아무리 장난이라 하더라도 여학생이 남학생의 손등에 야동 말고 실전 운운하는 낙서를 하고 남학생은 그걸 어쩌지 못하고 손등을 내어준 사건. 장난으로 이해하고 웃고 넘어가기에는 정도와 수위가 좀 넘어선 것으로 보였다. 여학생이라고 해서 성에 대한 에너지를 숨기거나 소극적으로 드러내는 건 아니다.

"장난이라 하더라도 남의 몸에 이런 낙서를 하는 건 성폭력 같은 범죄가 될 수도 있어요. 이런 일은 앞으로 절대로 안 했으

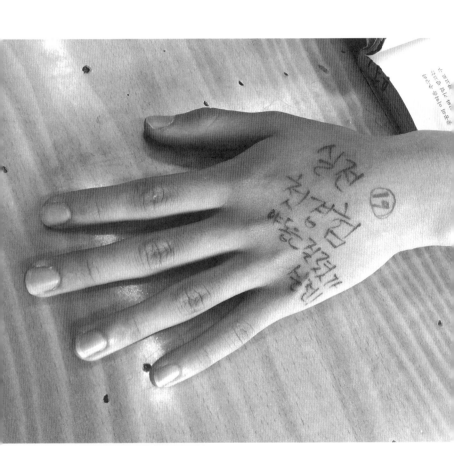

면 좋겠어요."

그렇게 말을 마치자 여학생도 분위기가 평소와 다르다는 걸 느꼈는지 이내 그런 장난을 하지 않겠다는 다짐을 했다. 남학생에게도 낙서를 지우도록 일러주었다. 야동보다 실전을 원한 여학생의 장난 같은 욕망은 그렇게 사그라졌다.

이들 말고도 피임 기구를 휴대하고 다닌다는 소문이 난 호기도 있고, 웬만한 ⑲금 도서는 다 읽어봤다는, 그랬더니 내용이 거의 모두 비슷하다고 자랑스럽게 고백했던 ⑲금 도서 전문가 상준, 조루와 발기 부전이 있는 남자는 남자 친구가 될 수 없다고 학습지에 써놓은 희연이와 수미, SNS로 여학생들에게 음란물을 보냈다가 신고를 당해서 경찰 조사까지 받은 선철, 교과서나 사물함 혹은 책상 등 아무 곳에나 sex, sexy라고 써놓은 것들, 성기 모양을 직접 그려놓은 낙서들까지 열다섯 살들의 '성'과 관련한 생각과 욕망은 무성하고 무궁하다.

이들의 성은 숨기고 가두고 위장하는 어른보다 차라리 솔직하고 깔끔하다. 솟구치는 호기심이 부추기는 순수한 욕망인 탓이다. 이미 알 만큼 다 안다. 그래서 제대로 알고 싶고 배우고 싶은 것이다.

열다섯 살이기 때문에 모르는 척해야 한다는 어른과 사회의 암묵적 요구와 강요는 이들의 성이 건강하게 성장할 기회를 박탈하고 말았다. 여전한 순결 강요와 금지 중심의 성교육은 이들에게 비웃음거리로 전락한 지 오래다.

열다섯 살 중학생들의 성에 대한 호기심은 자연스러운 성장의 과정이니 막을 수도 없고 막아서도 안 될 일이다. 눈만 돌리면 어디든 야동과 섹스는 차고 넘친다. 미성년자라고 해서 예외가 아니다. 이런 현실을 두고 차단하고 막으면 된다는 생각은 단절과 불통의 화법이다.

온라인에 무차별적으로 떠도는 음란물의 무분별한 유통을 막고 미성년자들이 온갖 유해 정보에 노출되는 것을 막는다는 명분으로 2015년 4월 개정한 전기통신사업법 시행령을 중학생들도 '딸통법'이라 비웃으며 한껏 야유와 조롱을 보낸 이유 역시 거기에 있다. 야동을 보기만 해도 처벌한다는 소문이 무성했으니 중학생들까지 화를 낼 이유는 충분했다.

TV 드라마에 등장한 할아버지가 음란물 탐색을 즐기는 것을 가리켜 '야동 순재'라는 말이 유행어인 때가 있었다. 유행은 지났지만 아직도 '야동 순재'는 건재하다. '야동 순재'에는 어떤 숨김도 거짓도 없었다. 솔직히 욕망을 드러냄으로써 더 이상 음란하지 않게 되었다.

이처럼 좀 더 공개적이고 솔직하게 중학생들이 성을 배우면서 성장할 수 있으면 싶다. '야한 동영상'이 '야동'으로 '섹스'가 'ㅅㅅ'로 은폐·왜곡되지 않도록 하는 일, 폭력적이고 왜곡된 성 의식이 생기지 않도록 유쾌하고 솔직하게 가르치는 게 어른들의 몫일 터다.

선생님, 저 예쁘죠?

종례 시간에 '퇴근' 준비하는 지연이

7교시를 마치는 종소리가 울리고 선생님이 교실 문을 나서자마자 지연이는 입술 모양의 빨간색 화장품 파우치를 꺼냈다. 그 안에는 지연이가 소중히 아끼는 화장품들이 터질 듯이 들어 앉아 있다. 지연이 뿐만 아니라 웬만한 여학생들은 내용물은 조금씩 다르지만 이런 화장품 파우치를 하나씩은 다 가지고 다닌다.

지연이는 퍼프(스펀지나 거즈 따위로 만들어 분을 묻혀 바르는 데 쓰는 물건)를 꺼내 재빠르게 얼굴에 서너 번 토도독 두드린 후 손거울을 보며 아이브로우 펜슬(눈썹을 그리는 데 쓰는 화장품)로 쓱~쓱~ 양쪽 눈썹을 그렸다. 다듬고 고치고 할 것 없이 한 번에 고르게 균형 잡힌 눈썹을 완성했다.

이어 틴트(입술에 발라 일정 시간 동안 붉은빛이 나도록 착색하는 화장품)를 발라 입술을 촉촉하고 빨갛게 물들였다.

생략할 건 하고 중요 포인트만 잡아서 후다닥 순식간에 꽃단장을 마쳤다. 지연이로서는 곧 종례를 마치면 학교 밖에서 친구들과 일과의 제2부를 시작해야 하니 그 준비를 마친 것에 불과했다. 잠시 후 담임 선생님이 종례하러 교실에 들어왔다.

"지연이 벌써 '퇴근' 준비 다 했구나?"

담임 선생님은 벌겋게 변한 지연이의 입술을 보고 늘 그렇다는 듯 말을 건넸다. 다른 반 담임 같으면 당장 화장을 지우라며 교무실로 끌고 가서 집에도 안 보내주고 온갖 잔소리를 늘어놓으며 꾸중했을 터다. 하지만 지연이의 담임 선생님은 종례 시간까지 꼰대 노릇을 하는 사람은 아니었다. 학생들이 화장하는 것도 연약한 피부가 상하거나 부작용이 일어날까 염려하는 것 말고는 따따부따하지 않았다.

"네. 선생님, 저 예쁘죠?"

지연이도 그런 담임 선생님의 마음을 잘 알고 있었다. 종례를 앞두고 화장으로 변신한 사실을 굳이 감추거나 아니라고 부정할 이유가 없었다. 지연이는 자신의 변신이 얼마나 잘 되었는지를 담임 선생님께 보여주고 확인받고 싶을 뿐이었다.

"그래, 아주 예쁘구나. 누가 보면 입술에서 피 나는 줄 알겠다!"

지연이는 담임 선생님의 말뜻을 제대로 알아들었는지 말았는지 "걱정하지 마세요, 피 안 나요." 하고 방긋 웃으며 대답하고는 종례를 마쳤다. 그러고는 곧장 오늘 일과의 제2부 첫 일정인 노래방에 가기 위해 평소에 어울리는 친구들과 함께 서둘러 교문을 나섰다.

선생님 눈치 안 보고 교실에서 고데기를…

10~20대 사이에서 유행하는 시쳇말 중에 '남자는 머리빨'이라는 말이 있다. 머리 모양이 남자의 스타일을 좌우하는 중요한 역할을 한다는 뜻이다. 하물며 여성들이야 말해서 무엇하겠는가. 엄연한 '여성'인 중학생들도 사정은 마찬가지다.

은하는 책가방이 38*l* 들이 배낭이다. 여러 해 전부터 학생들 사이에서 아웃도어용 등산복과 배낭 등이 유행인 탓도 있지만 넣고 다녀야 할 것이 많아서 큼지막한 배낭을 가방으로 골랐다.

가방 속에는 교과서 몇 권과 필기도구 그리고 체육복 같은 게 늘 들어 있다. 그리고 그보다 더 중요한 화장품 파우치와 미니 고데기, 세워 놓을 수 있는 받침대가 있는 직사각형 모양의 손거울과 헤어롤도 상비약처럼 챙겨 다닌다.

아침밥은 못 먹어도 화장과 머리 손질을 마치고 등교하는 게 당연한 순서이지만 인생사가 항상 뜻대로만 되는 게 아니다. 화장은 마쳤지만 머리 손질까지는 미처 못 하고 등교하는 일이 종종 벌어진다.

그런 날에는 등교해서 교실에 들어서자마자 고데기부터 꺼내 교실 벽 콘센트에 코드를 꽂는다. 그러고는 받침대가 있는 거울을 세워놓고 머리를 말아 올린다. 워낙 단련된 솜씨라 시간은 그리 오래 걸리지 않는다.

은하의 꽃단장은 이렇게 해서 담임 선생님이 조례하러 교실에 들어오기 전에 모두 끝난다. 자칫 시간을 못 맞춰서 담임 선생님

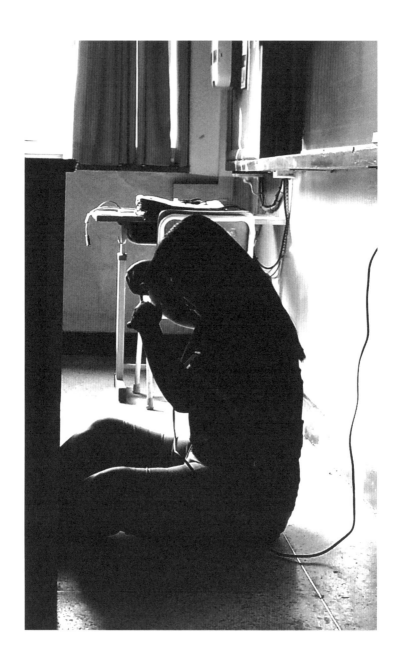

에게 들키면 고데기를 압수당하는 건 물론 교무실로 끌려가서 온갖 수모를 겪어야 한다.

"학교에 고데기 가져오면 안 되는 거 알아 몰라? 호박에 꼬불꼬불 줄 긋는다고 수박 되냐? 너 이러고 다니는 거 부모님도 아셔? 엄마한테 전화해서 다 얘기해야 정신 차릴 거야? 응?"

고데기에서 시작한 담임 선생님의 훈계는 부모님을 끌어들이는 이른바 '패드립(인륜에 벗어나는 언행을 뜻하는 '패륜'과 즉흥적인 대사나 행동을 뜻하는 애드리브의 합성어. 부모를 비하하거나 욕하는 내용을 주로 일컬음)'으로 이어져서 한참을 그칠 줄 모른다.

은하는 부모님까지 끌어들여 욕하고 결국 고데기를 압수해 돌려주지 않는 담임 선생님이 너무 밉고 싫다. '그나저나 손질을 다 끝내지 못한 머리는 어쩌나.' 은하는 생각이 복잡해진다. 하루 종일 짜증 나는 마음을 '고데기 선언문'으로 써서 국어 수행평가로 제출했다.

학생들이 학교에서 고데기를 하다가 선생님들께 뺏기는 경우를 자주 보았다. 고데기를 학교에서 하면 다른 사람들의 눈에는 '저게 학교에서 뭐하는 짓인가?' 하고 생각할 것이라는 건 잘 안다. 하지만 고데기를 학교에서 하지 말아야 할 정당한 이유도 없는 것 같다.

고데기를 하는 학생들은 쉬는 시간 10분을 틈타서 선생님들의 눈치를 보며 한다. 그러다 선생님께 고데기를 뺏기고. 쉬는 시간에 아무도 방해하지 않고 하는데 뺏는 건 아니라고 본다.

전기세 나간다고 해도 부모님들이 내는 세금에 비하면 조금밖에 안 드는 거로 안다. 그렇다고 10분을 다 사용해서 수업 시간까지 고데기를 사용하는 것도 아니고, 학생들은 선생님이 오시면 고데기를 끄기 때문에 수업 시간에 방해도 안 된다.

이렇게 이유 몇 가지를 들어봤는데 고데기를 하는 학생들은 나와 같은 생각일 것이라고 믿는다. 우리는 쉬는 시간을 이용해 선생님 눈치를 안 보고 고데기를 할 수 있길 원하며 이와 같이 선언한다.

서클렌즈는 미모의 완성

민지는 눈병이 나서 며칠간 오른쪽 눈에 안대를 하고 다녔다. 평소 눈에 착용하던 서클렌즈가 부작용을 일으킨 것이다. 민지는 두 개의 서클렌즈를 가지고 있었는데 그걸 번갈아 착용하다가 좀 싫증이 나면 친한 친구인 은혜랑 바꿔서 쓰기도 했다. 그게 사달이 난 것이다. 그 후로는 절대로 다른 친구와 서클렌즈를 바꿔서 쓰는 일은 하지 않는다.

민지랑 은혜 등 여중생들이 서클렌즈를 착용하는 이유는 예뻐 보이기 때문이다. 제대로 갖추자면 색조 화장으로 곱게 단장하고 고데기로 머리 손질을 마친 다음 서클렌즈를 착용해야 미모가 완성된다.

　물론 그에 어울리도록 치마를 줄이거나 하는 등의 '교복 세팅'
도 빼놓을 수 없다. 이를 모두 갖추면 완벽하게 변신한 자신의
모습에서 벅찬 희열을 맛볼 수 있다.

　여학생들에게 물어보니 평균 3~4개 정도의 서클렌즈를 가지
고 있다고 했다. 물론 서클렌즈를 사용하는 이들의 경우다. 서클
렌즈에는 관심이 없는 이들도 있다. 용돈이 넉넉지 않은 탓에 개
당 5000원에서 1만 원 정도의 가격대를 선호하며 하나를 사면
보통 한 달 정도 착용한단다.

　저마다 사용법과 관리 요령이 다를 터이니 개인차가 있겠으나
서클렌즈가 이국적인 눈매와 깊고 선명한 눈동자를 만들어주기
때문에 좋다는 의견은 한결같았다.

　예뻐지려는 중학생들의 노력은 정말로 눈물겹다. 이마저도 학

교에서 선생님한테 걸리면 당장 눈에서 빼야 하고 압수당한다. 돌려주기라도 하면 다행이지만 그렇지 않으면 눈물을 머금고 새로 사야 한다. 압수의 부당함을 하소연하는 것은 매를 버는 일이 될 뿐이다. 이래저래 학교는 '압수 천국'이다.

중학생의 화장은 자기표현의 일부

지연이나 은하, 민지는 물론 화장을 하는 중학생 대부분은 화장하면서 변신해가는 거울 속 자신의 모습을 보는 것이 행복하다고 말했다. 화장하지 않고 학교에 오면 무언가 어색하고 심지어 불안하기까지 하다고.

케이블 채널 방송에서 한 여자 연예인이 화장을 지운 얼굴을 두고 "정말 단두대에 올라가 있는 느낌"이라고 말한 적이 있는데 이들도 같은 마음을 느끼는 것이다. 이들은 저녁마다 화장을 지우는 게 귀찮고 힘들며 화장품의 성분이 여린 자신들의 피부에 안 좋다는 걸 알기에 화장에 대한 두려움도 있다고 했다. 하지만 포기할 수는 없다.

실제로 2015년 3월 〈여중고생의 피부 및 메이크업이 심리적 안녕에 미치는 영향〉이라는 숙명여대 원격대학원 향장미용 전공 석사 학위 논문에 따르면 "학생들은 화장 후 얼굴에 대한 만족감이 높을수록 자아 수용, 긍정적 대인관계, 자율성, 개인적 성장 등 심리적 안녕감 또한 높"은 것으로 나타났다.

이 논문을 좀 더 살펴보면 다섯 명 중 네 명꼴로 중학생 때 대부분 화장을 시작하며 매일 화장(36.9%)하거나 주 3회 이상 화장(26.4%)하는 비율도 높았다. 이를 단순 종합하면 약 63.3%의 여중고생들이 주 3회 이상 화장한다는 결론이 나온다.

이 설문은 중3~고2 여학생들만 대상으로 하고, '화장'의 정의를 "스킨이나 로션, 선크림과 같은 기초 제품을 제외하고 파운데이션이나 파우더, 마스카라 등 '메이크업' 제품을 쓰는 경우"로 제한했다. 여기에 중1~중2를 포함하고 화장의 정의를 확대하면 사실상 거의 모든 여중고생이 화장한다고 할 수 있다.

하루 종일 수업 시간에 책상 위에 거울을 꺼내놓고 앉아 '거울아, 거울아, 세상에서 누가 제일 예쁘냐'만 속으로 묻거나, 머리카락을 한 올 한 올 어루만지며 정전기가 일어나 머리카락이 곤두서도록 수시로 빗질을 하거나, 헤어롤을 말아 혹처럼 달아놓고, 화장품 파우치를 열어 얼굴을 하얗게 변신하는 모습도 이제는 교실에서 낯선 풍경이 아니다.

시중에는 이미 오래전부터 10대 전용 화장품과 중고생용 화장품 브랜드가 나와 있고 입학과 졸업 선물로 화장품을 선물하는 부모나 형제, 친척들도 있다. 아무리 저렴한 10대 전용 화장품이라고 해도 중학생으로서는 비용 부담이 크기 때문에 주로 할인할 때 사는 편이다.

이들이 사용하는 화장품 목록을 물었더니 스킨과 로션은 기본. 여기에 썬크림, 에센스, 수분크림, 미스트, 프라이어(모공 채우는 크림), 비비크림, 시시크림, 파운데이션, 팩트(파우더 종류), 컨

실러(잡티 가리기), 블러셔(볼터치), 기름종이, 셰딩(턱 작게), 하이라이터(콧대 높이기용), 아이브로우 펜슬, 아이섀도(눈두덩), 아이라이너, 아이스틱(눈 밑 애교살), 마스카라, 뷰러(눈썹 집게, 속눈썹을 말아 올리는 데 사용하는 기구), 립스틱, 틴트, 쌍꺼풀 액(줄여서 '쌍액'), 쌍꺼풀 테이프(줄여서 '쌍테'), 팩, 핸드크림, 서클렌즈, 립밤, 각질 제거용 스크럽제와 화장 지우는 용품 등이 있다고 대답했다.

여기에 머리 손질용 고데기를 기본으로 헤어미스트, 트리트먼트, 헤어롤 등속을 모두 갖추면 약 30~40여 종에 값은 대략 10만~30만 원 내외에 이른다는 게 여학생들의 설명이다.

도무지 '듣보잡'인 용어들인데 여중생들은 이름과 사용법을 정말로 잘 알고 있었다. 이 모두를 갖춘 학생도 있고 필요한 일부만 사고 나머지는 서로 교환해서 쓰기도 한단다. 그러다 보니 간혹 부작용이 일어나기도 해서 곤욕을 치를 때도 있다.

비록 어른들이 보기에는 화장보다는 분장이나 변장에 가까운 모습을 하고 우스꽝스러운 눈 화장으로 혀를 차게도 하지만 분명한 건 이들이 화장하는 건 자기표현의 일부라는 점이다.

인생에서 가장 격렬한 성장기인 사춘기를 겪으며 이전과 다른 세계로 자신의 삶을 확장하고 있다는 방증인 셈이다. 초등 고학년부터 화장을 시작하는 여학생들의 경우도 사정은 마찬가지다.

신라 시대 명문가 귀족의 자제들로 구성된 최고의 엘리트 집단이었던 '화랑'이 눈 화장과 입술 화장까지 하는 '미성년 남성'들이었다는 사실과, 1920년대 후반의 남학생들도 화장을 했다[8]는 것을 떠올린다면 오늘날 10대 여학생들의 화장을 바라보는 어른들의 삐딱한 시선이 좀 더 너그러워질 필요는 충분하다.

화장이나 고데기, 서클렌즈 등을 사용한다는 이유로 학생들을 불량품이나 문제아로 취급하고 징계 대상으로만 바라보는 학교들의 낡은 사고방식은 진작부터 변해야 했다. 현재 진행형인 학생들의 성장과 변화를 따라가지 못하는 학교교육은 바제가 된 과거일 수밖에 없다. 그러므로 잘못은 학생이 아닌 학교에 있다.

비난하고 낙인찍어 밀어내는 것이 아니라 피부에 맞도록 제대로 화장품을 선택하고 자연스러운 화장법과 깨끗하게 지우는 방법이라도 가르쳐서 멋을 알고 '제멋대로' 살 수 있도록 돕는 게 어른들의 일, 학교의 일일 터다.[9]

---

8. 이승원, 《학교의 탄생》(2005) 중에서.
9. 이러한 학생들의 문화를 존중해 식품의약품안전처에서는 2016년 1월 〈소중한 내 피부를 위한 똑똑한 화장품 사용법〉이라는 책자를 만들어 공개하고 학교에 배포했다. 학생들의 화장을 덮어놓고 금지하는 것이 아니라 학생들이 제대로 안전하게 화장할 수 있도록 안내한 것이다. 식약처는 이 책자에서 '화장품 안전 사용 7계명'을 만들어 학생들이 꼭 지켜 달라고 당부했는데 내용은 아래와 같다.
① 화장품 사용 시 손을 깨끗이 해요.
② 화장품 사용 후에는 뚜껑을 바르게 꼭 닫아요.
③ 화장품을 다른 사람과 함께 사용하는 것은 위험해요(판매점의 테스트용 제품을 사용할 때도 일회용 도구를 반드시 사용).
④ 화장 도구는 깨끗하게 관리해요.
⑤ 화장품은 직사광선을 피해 서늘한 곳에 보관해요.
⑥ 화장품의 사용 기한을 지켜요.
⑦ 색상이나 향취가 변하면 사용하지 않아요.
-식품의약품안전처, 〈소중한 내 피부를 위한 똑똑한 화장품 사용법〉(2016) 중에서.

똥 '싸는' 중학생

이런 이유로 똥, 저런 이유로 똥

잘 먹고 잘 싸는 게 행복과 장수를 누리는 근본이라는 생각은 오래된 믿음이자 확실한 진리다. 아이 어른 할 것 없이 잘 먹고 잘 싸는 일은 인간으로 사는 삶을 풍요하게 만드는 기본 바탕이다. '똥'이나 '방귀'라는 낱말이 들어간 제목을 붙인(심지어는 '똥방귀'를 하나로 하는) 유아용과 아동용 책 종류가 엄청난 것은 물론 인기도 많다는 사실 역시 새삼스러울 게 없다.

일찍이 〈강아지 똥〉이라는 감동 어린 이야기가 있었고, TV 유아 교육프로그램은 제목이 '방귀대장 뿡뿡이'이니 똥과 방귀가 넘쳐난다 해도 지나친 말이 아니다. 유아기와 아동기를 벗어난 중학생들도 '똥'과 '방귀'에는 민감하게 반응한다.

1교시 수업을 시작한 지 얼마 안 됐는데 민혁이가 번쩍 손을 들더니 소리를 질렀다.

"샘, 급똥!"

얼굴은 잔뜩 일그러져 있고 입술은 오물오물의 '물'을 발음할 때처럼 튀어나온 상태로 '급똥'을 외치는 것이었다. 이전에 민혁이가 일러준 표현대로 풀어서 옮겨보면 '갑자기 급하게 똥을 쌀 것 같아 화장실에 가야겠으니 보내 달라'는 뜻이다. 민혁이의 '급똥'은 이미 수업 중 통과의례 같은 것이 된 지 오래다. 처음에는 '급똥'이라는 소리에 까르르 웃으며 뒤집히던 친구들도 이제는 '쟤는 원래 저래요.' 하는 표정으로 덤덤하다.

민혁이의 급똥은 수업 시간을 가리지 않고 특정 과목을 선택하지 않으며 수업 담당 선생님이 남자인지 여자인지도 차별하지 않는다. 고르고 한결같으며 평등하다. 수업 시간에 긴장하면 민감한 장에서 바로 꾸르륵하고 신호를 보내오기 때문에 급똥은 민혁이로서도 어찌할 수 없는 괴롭고 힘든 사정이다.

처음에는 수업을 피해 다른 짓을 하려고 교실을 빠져나간다고 오해한 일부 선생님들도 이제는 민혁이의 급똥 앞에서는 아무 말 않고 조용히 고개를 끄덕이는 것으로 교실을 환기할 수 있게 되었다.

점심 급식 메뉴가 학생들이 좋아하는 치킨마요 덮밥이 나오는 날 4교시 수업 중이었다. 잠시 후면 급식실로 달려가야 하는 시간, 태철이가 벌떡 일어났다.

"샘, 저 설사 똥 쌀 것 같아요. 화장실 좀…."

그냥 좋은 말로 '화장실에 가고 싶다'고만 해도 좋았을 텐데, '똥'이든 '설사'든 한 가지만 말해도 되었을 텐데, 군이 '설사 똥'

이라고 말하며 듣는 이를 불쾌하게 만드는 속내를 알 수가 없다. 한 손에 둘둘 말아 쥔 화장지 뭉치까지 있는 것으로 보아 급하긴 급하구나 싶기도 했다. 수업 진도도 다 마쳤고 불과 3분 남짓이면 수업을 마치는 종이 울릴 즈음이었다.

"수업 마치려면 3분 정도 남았는데 끝나고 가면 어때요?"

"아~ 샘, 그러다 교실에서 생똥 싸면 샘이 책임질 거예요? 진짜 급하다고요. 똥 쌀 것 같아요."

녀석이 버럭 성을 낸다. 방귀 뀐 놈이 성낸다는 말은 들어봤지만 똥 마려운 놈이 큰소리치는 꼴을 바로 눈앞에서 마주하게 될 줄이야! 안 된다고 한 것도 아니고 의견을 물은 것뿐인데.

같은 반 학생들은 태철이가 '설사 똥' 운운할 때부터 난리가 났다. 이제 곧 맛있는 치킨마요 덮밥을 먹을 수 있는 점심시간인데 더럽게 똥, 그것도 설사 이야기를 하느냐며 저마다 한 소리씩 태철이에게 원망을 내뿜었다. 여학생들은 '으악!' 하고 비명까지 질러댔다. 치킨마요 덮밥에 어리는 설사 똥의 불쾌한 기운에 학생들이 온몸으로 전율했다.

그러는 사이 태철이는 더 참기 힘들었는지 "샘 저 가요." 하고 교실 밖으로 사라졌다. 정말 급하긴 급했나 보다.

맛있는 급식 시간을 눈앞에 두고 설사 똥 이야기를 할 수밖에 없었던 태철이나 그런 냄새나는 이야기를 다 듣고서 밥을 먹으러 가야 하는 같은 반 친구들 모두 그럼에도 불구하고 그날 점심은 맛있게들 먹었다. 열심히 맛있게 먹어야 또 화장실에 가는 건강 생활을 누릴 수 있을 테니.

'싸는' 똥과 '누는' 똥

이쯤 되면 그래도 학교에서 똥을 마음껏 이야기할 수 있는 표현의 자유는 충분하지 않을까 싶은 생각이 든다. 초등학교 저학년은 아직 대소변을 가리는 게 익숙지 않아 학교 교실에서 바지에 똥오줌을 싸는 일이 종종 있다고 한다. 그러나, 중학생이 수업 시간에 똥오줌을 교실에서 내지르는 일은 흔하지 않다.

수업 중에 학생들이 대소변 보러 나가는 것을 절대로 허락하지 않는 매정한 선생님들이 여전히 있으며, 수업 중 화장실을 핑계로 나가서 담배를 피우고 오거나 매점에 들렀다 오기도 하고, 학교 밖으로 나갔다 오는 아주 공갈 염소 똥 같은 학생들도 예나 지금이나 여전하다.

하루도 안 빠지고 학교에 화투를 가져오는 은서는 별명이 '똥 쌍피'이고 아침마다 안 끊어지는 '모닝 똥' 때문에 지각을 아침밥 먹는 것보다 자주하는 현호도 있고, '응가'라고 예쁘게 말하는 영지, 따뜻한 온수가 나오는 비데를 설치한 교사용 화장실에서 일을 보다가 걸려서 교무실로 잡혀 온 민수도 있다.

이들에게 한결같은 특징이 하나 있는데 모두 똥을 '눈다'고 말하지 않고 '싼다'라고 한다는 점이다. 예쁜 여학생인 영지도 "응가 싸러 가요."라고 말한다.

어디에서 그런 화법이 비롯했는지는 모르겠으나 누는 것과 싸는 건 분명 다른 일이다. 누는 것이 본인이 의지를 갖추고 조절하는 것이라면, 싸는 건 자신의 의지와 상관없이 조절이 안 되는 것이다.

대소변을 '누는' 단계에 있는 중학생들이 아직도 '싼다'라고 말하는 데에는 눈다고 말하는 것보다 싼다고 말할 때 더 큰 배설의 카타르시스가 있기 때문일 수도 있을 것 같다. 혹은 몸은 어른을 향해 점점 성장하지만 아직 마음 한구석에는 똥오줌을 '싸며' 부모의 돌봄과 배려를 받던 유아기의 행복한 기억에서 벗어나고 싶지 않은 무의식적 끌림 같은 것일지도.

중학생들이 누고 싸는 똥에는 어른들은 잘 모르는 그들만의 왁자한 성장기의 솔직하고 유쾌한 화법이 담겨 있다.

2
선생님, 내 마음이 들리나요?

낙서에 드러낸 중2의 마음

반드시 지켜지는 '딴짓 보존의 법칙'

'딴짓 보존의 법칙'이라는 게 있다. 이를테면 시험 기간이라서 공부할 작정으로 페이스북을 접었는데 평소 잘 하지 않던 블로그나 트위터를 기웃거리게 되거나, 저녁형 인간인데 모처럼 아침을 알차게 보내고 나니 결국 오후에 허송세월하게 되는 것을 말한다. '지랄 총량의 법칙'이라거나 '뻘짓 총량의 법칙' 등으로 잡스럽게 말하기도 한다.

어쨌든 이 말은 아무리 다른 일들로 눈을 돌린다고 해도 결국 딴짓을 하는 양은 같으므로 해야 할 딴짓은 반드시 하게 마련이라는 의미다. 잠깐의 딴짓은 줄어들지 몰라도 그것의 총량은 줄어들지 않는다는 뜻.

바로 중학생 시절이 그 '딴짓 보존의 법칙'이 절정에 이르는 시기가 아닐까 싶다. 딴짓 없이 못 사는 시기가 중학생 시절이라고 해도 지나치다 말하기 어려울 것 같다. 그만큼 저지르고 싶거나 꺼내고 싶은 무언가가 내면에 가득 차 있다는 방증이다.

2013년 잡코리아 좋은일연구소가 전국 직장인 남녀 611명을 대상으로 딴짓에 대해 설문 조사를 한 결과를 보면 아주 흥미롭다. 이 조사에서 우리나라 직장인의 97.1%가 '업무 시간 중 딴짓을 한다'고 답했다고 한다.

회사에서 딴짓하는 이유(복수 응답)로는 나름의 휴식(67.2%)이라는 대답이 가장 많았다. 이어 업무가 손에 안 잡혀서(34.2%), 시간이 남아서(26.2%), 업무 집중도를 높이기 위해서(16.3%) 등의 답변이 뒤따랐다.

중학생이라고 해서 예외는 아니다. 이들 역시 수업 중에 혹은 쉬는 시간이나 점심시간 등에 온갖 딴짓을 한다. 숨 쉬는 모든 순간이 딴짓 아닌 때가 없다고 해도 고개를 끄덕일 어른이 많을 터다.

말 그대로 천태만상. 그 무수한 딴짓 중 가장 원초적인 아날로그 방식에 해당하는 것 가운데 하나가 '낙서'다. 돈과 시간이 많이 드는 것도 아니고 크게 표 나지 않고 은근히 즐기면 시간을 소비할 수 있는 재미가 낙서만 한 것이 없다는 것을 이들도 아는 것이다.

이들의 부모 세대가 즐기던(?) 화장실 낙서 같은 것은 많이 사라졌지만, 교실 안팎이나 책과 공책, 신체 등을 이용한 낙서는 활활 타오르고 있다. 부모 세대가 은밀하고 소심하게 낙서를 즐겼다면 이들은 전시회처럼 '보란 듯이' 꺼내놓는다는 게 달라진 양상이다. 이들의 낙서 세상을 좀 들여다보자. 먼저 가장 흔하고 많은 '책상-교과서 낙서형'이다.

낙서, 내면 드러내는 기록장

성빈이는 수업 시간마다 자주 낙서를 한다. 책상이며 교과서가 낙서로 가득 찼다. 그림을 그리기도 하고 때로는 무슨 뜻인지 모를 말들을 한없이 적기도 한다. 교과서와 책상은 금세 지저분하고 더러워지고 만다.

"왜 낙서를 못 하게 하는지 모르겠어요. 책상도 지우면 되고, 교과서는 이번 학기만 지나면 버리는 건데…"

담임 선생님한테 책상을 깨끗이 사용하라는 지청구를 자주 듣지만 성빈이는 그런 것에 개의치 않는다. 담임 선생님이 볼 때는 지우면 되고 안 볼 때는 다시 낙서장으로 활용하면 된다는 걸 알기 때문이다. 다만 낙서를 못 하게 하는 게 기분 나쁠 뿐이다.

민아는 책상에 낙서하긴 하는데 매우 화려하게 하기를 좋아한다. 자유롭게 붙이고 뗄 수 있는 메모 용지를 크기별, 색깔별로 활용해 무지갯빛 책상을 만들어놓고 그걸 가꾸고 보기를 즐긴다. 알록달록 꾸민 책상을 보면 화장을 예쁘게 마친 후 자신의 얼굴을 보는 것 같아 기분이 좋아진다는 게 민아의 말이다.

성빈이나 민아 정도면 그래도 봐줄 만한데 혁규처럼 되면 상황이 좀 심란해진다. 혁규의 책상은 마치 지옥 풍경 같다. 책상

전체에 빼곡하고 시커멓게 적고 그려놓은 온갖 단어와 그림들이 섬뜩한 느낌마저 든다.

수업 시간에 책을 펴놓고 앉아 있기보다는 엎드려 자는 일이 더 많았으니 책상의 기능보다는 혁규의 마음을 드러내는 공간이 돼버린 듯한 느낌을 주기에 충분했다.

워낙 낙서가 심해 몇 번 책상을 교체한 혁규의 낙서 중 일부를 살펴보면 '왜 살아', '나가 뒤져', '맨날 교무실 가냐?', '키 작아? ○나 작아?', '쪼다야 병신아' 같은 말들이 어지럽게 쓰여 있는 걸 발견할 수 있다.

혁규의 마음을 어지럽히는 괴롭고 힘든 일들이 가정과 학교 등에서 많다는 것을, 혁규 마음에 무언가 큰 상처가 있다는 것을 충분히 유추할 단서가 되고도 남을 것들이었다.

결국 혁규는 그해 여름이 끝나갈 무렵 '주의력 결핍 과잉행동 장애'[10] 판정을 받았고, 그로부터 한 달이 좀 지나 다른 학교로 전학을 가고 말았다. 무슨 생각에 그랬는지는 모르겠으나 혁규 부모의 선택이었다. 이처럼 책상 낙서는 딴짓을 넘어 학생의 내면을 드러내는 기록장이 되기도 한다.

처음 예은이의 책상에 적힌 낙서를 발견했을 때 가슴이 철렁, 내려앉았다. 예은이에게 무슨 일이 생긴 건 아닌가-이를테면 부모가 갑자기 이혼했다거나, 가기 싫은 학원에 억지로 밀어 넣는 엄마와 갈등이 커졌다거나, 친구들 사이가 틀어져서 외톨이가

---

10. ADHD: Attention Deficit Hyperactivity Disorder.

됐다거나 하는 등등- 하는 두려움 때문이었다.

　예은이는 책상 모서리에 '나도 좀 살자, 제발 숨이라도 쉬자'라고 적어 놓았다. 얼핏 보면 시험에 지친 고3 수험생이나 대입 재수생 혹은 고시생 아니면 출구 없는 고단한 삶에 나가떨어지기 일보 직전인 어른의 독백 같았다.

　세상 무서울 것 없는 아니, 세상에서 다들 무서워하는 중2가 책상에 적어놓은 말로는 너무 끔찍했다. 유행가 노랫말의 일부로만 치부하기에도 하필 그 구절을 적었는지가 영 마음에 걸렸다.

　아무래도 그냥 지나쳐서는 안 될 것 같아 다음 날 예은이에게 데이트 신청을 했다. 점심 먹고 함께 운동장을 거닐고 싶다고. 영문도 모르면서 예은이는 "아이스크림 사 주세요."라면서 흔쾌히 동의했다.

　운동장을 함께 걸으며 예은이가 들려준 대답은 생각만큼 위험하지 않았다. 예상한 대로 학원 문제 때문에 엄마와 갈등이 커져서 매일 싸우다시피 하고 있다는 것, 학교생활이 별로 재미가 없다는 것, 친구 미령이와 좀 다퉈서 아직 서먹하게 지내고 있다는 정도였다. 혹시 말하지 않은 다른 사정이 더 있었는지는 모르지만 예은이는 그날 이후 다시 본래의 모습으로 돌아왔다.

　예은이의 낙서를 잊어갈 때쯤 다른 반 수민이가 노란색 접착식 메모지에 '답답해'라는 세 음절을 또박또박 큼지막하게 적어서 책상에 붙여놓은 걸 또 보고 말았다. 혼자서 여러 가지 생각을 하다가 이번에는 그냥 못 본 척하기로 했다.

　누군가에게 자신의 답답함을 풀어달라는 구조 신호일 수도 있

겠지만 그냥 자신의 답답한 마음을 종이에 적어 책상에 붙여 두
는 것으로 해소하는 것일 수도 있겠다고 생각했기 때문이다. 다
행히 수민이도 며칠 후에는 '답답해' 종이를 책상에서 떼어냈다.

남학생인 혁중이는 하얀 페인트를 칠한 교실 벽에 연두색 펜
으로 자신의 마음을 표현했는데 그걸 본 순간 그만 웃음이 터
지고 말았다. 혁중이의 책상 옆 교실 벽에는 "내 아를 나아줘. -
우리 아버지"라고 적혀 있었다.

혁중이는 집안 사정으로 서너 달 다른 학교로 전학을 갔다가
다시 돌아와서 새로 적응하는 데 힘들어하고 있었다. 머리와 복
장은 물론 학교생활 전반을 두고 자신을 꾸중하는 엄하기만 한
담임 선생님과 갈등도 커질 대로 커진 상황이기도 했다.

속상하고 화도 난 김에 혁중이는 제발 자신을 좀 그냥 놓아두
라는 메시지를 교실 벽에 남긴 것이었다. 거기에 자신의 아버지
를 모셔다 놓았으니 이 절박한 호소 앞에 웃음이 터지는 건 당
연지사.

애도 어른도 아닌 열다섯 살

이들 말고도 낙서 대신 깨끗이 정리한 책상에 '0416 잊지 않
겠습니다'라는 노란 스티커를 단정하게 붙여놓고 해결되지 않은
세월호 참사를 기억하는 친구가 있는가 하면, 살을 빼야 한다며
절대로 학교 매점에 가지 않겠다는 뜻으로 '간식 금지' 메시지를

담은 아크릴판을 책상에 붙인 녀석도 있다.

몸에 문신 새기는 유행을 좇아 팔이나 얼굴에 볼펜이나 형광펜으로 그림 등을 그리는 '문신형'도 있다.

승천하는 용을 그렸다면서 내미는 팔에는 미꾸라지조차 닮지 않은 도무지 알 수 없는 검은 펜의 흔적만 남아 있거나, 친구의 얼굴을 손등에 그렸는데 정작 그 친구와는 전혀 닮지 않은 일도 흔하다. 다쳐서 피가 난다며 내민 손등도 빨간색 펜으로 정교하게 그려 넣었다는 걸 한참 후에야 알기도 했다.

이렇듯 이들은 책상이나 교과서뿐만 아니라 교실 안팎의 모든 것, 심지어는 자신과 친구의 몸까지도 낙서 대상으로 삼는다. 낙서라고 해서 반드시 글로만 하는 것도 아니며 그림이나 다른 부착물을 붙이는 것으로도 진화했다.

낙서를 일종의 수다요, 수런거림 그리고 고백이며 폭로라고 한다면 이들의 낙서 역시 사정은 마찬가지다. 학교라는 제한되고 억압적인 공간과, 열다섯 살이라는 아이도 어른도 아닌 어정쩡한 나이에 세상의 모든 것과 맞닥뜨리기 위해서는 이들에게 끊임없는 수다와 고백, 폭로가 필요하기 때문이다. 그걸 통해서 그들 나름대로는 아프고 즐겁게 성장하는 것이다.

어쩌면 하루 예닐곱 시간을 갇혀 있는 학교라는 공간이 이들을 더욱 낙서에 몰입하도록 만드는 것인지도 모르겠다. 이토록 열린 듯 갇힌 공간에서 중학생들은 낙서로 서로 소통·공감하며, 수다를 떨기도 하고 억눌린 마음을 고백하거나 폭로하는 것인지도.

부모나 교사 혹은 다른 어른들이 그걸 알거나 모르거나 전혀 상관 않고 말이다. 중학생들의 낙서를 공부하기 싫어서 하는 '딴짓'이라고 외면해서는 안 되는 이유가 바로 여기에 있다.

고독하거나 분노하거나

교과서 '칼빵' 사건

우리 속담에 '하던 지랄도 멍석 깔아주면 안 한다'는 말이 있다. 평소에는 시키지 않아도 잘하던 일을 막상 하라고 떠받들어 주면 안 한다는 뜻이다. 그러나 '딴짓' 세계에 몰입하는 열다섯 살 중학생들은 누가 멍석을 깔아주거나 말거나 상관하지 않는다. 그들 나름의 독야청청 외길을 걸으며 평범한 일상에 기어이 한 줄기 뇌성벽력을 번쩍 내리치고야 마는 경우가 종종 있다.

정섭이 이야기부터 시작해보자. 학기말 시험을 2~3일 남겨둔 무렵이었다. 이미 나가야 할 진도도 마쳤고 시험도 며칠 안 남은 터라 학생들이 시험 준비를 할 수 있도록 자습 시간을 준 날. 학생들은 저마다 수업 시간에 공부한 교과서나 활동지 혹은 학원에서 받아온 기출 문제 자료 등을 읽거나 풀고 있었다. 정섭이만 빼고.

좀 소란스럽기는 했지만 시험 준비 분위기를 물씬 풍기던 교실 한쪽을 보니 정섭이가 무언가 다른 일에 몰두하는 게 보였다. 손에는 문구용 칼을 쥐었다. 벌써 여러 장의 종이가 책상 한쪽에 잘려 나와 있었다.

다가가서 보니 문구용 칼로 교과서를 오리는 중이었다. 교과서를 다 잘라내는 건 아니고 책의 가운데 부분을 타원형으로 잘라서 파내고 있었다. 이른바 '책 칼빵(칼로 손이나 신체에 상처를 내는 것은 이르는 은어)'. 책 속에는 타원형의 구멍이 이미 일정 깊이를 이루고 있었다.

정섭이는 내가 다가가서 책상 앞에 섰는데도 행동을 멈추지 않았다. 나를 전혀 개의치 않는 것 같았다. 오로지 온 정성을 다

해 포를 뜨듯 한 장 한 장 종이를 잘라내고 있을 뿐이었다. 온전하고 순수한 몰입의 상태로 보였다.

"정섭아, 뭐 하는 거예요?"

"아~ 이거요? 여기를 필통으로 쓰려고요."

"필통이라고? 필통 없어요?"

"네, 아까 장난치다가 부서졌어요."

"그럼 이 책은 못 쓰는데….'

"진도 끝났어요. 어차피 시험 끝나면 버릴 건데요, 뭘."

거기서 일단 우리의 대화는 멈추었다. 생각해보면, 이미 다 배웠고 어차피 버릴 교과서를 필통으로 재활용하려고 나름의 아이디어를 냈다는데 이를 덮어놓고 나무랄 수만도 없었다. 조금 더 물끄러미 정섭이의 행동을 지켜보다가 필통 용도로는 책이 너무 커서 어울리지도 않을 것 같고, 칼은 다칠 수도 있으니 넣어두면 좋겠다고 말해주었다.

정섭이도 생각이 바뀌었는지 아니면 나의 말을 지시나 명령으로 알아들었는지 다른 말 없이 하던 일을 멈추고 칼을 책상 속으로 집어넣었다. 그렇게 '교과서 칼빵 사건' 혹은 '교과서 필통 만들기 미수 사건'은 일단락됐다. 물론 정섭이가 필통으로 쓰겠다던 칼빵 교과서는 너덜너덜해진 채 바로 쓰레기통으로 들어갔다.

정섭이의 '딴짓'은 이전에도 종종 있었다. 지름이 15cm쯤 되는 동그란 거울을 책상 위에 올려놓고 그걸 보면서 웃다가 찡그리다가 혀를 날름거리다가 온갖 표정을 지으며 앉아 있다거나, 운동장 어딘가에서 주워온 긴 나무 막대기를 교실에서 휘젓고 다니다가 선생님한테 걸려서 교무실로 끌려온다거나, 수업 중에 갑자기 큰 소리로 괴성을 지르거나 하는 등의 일이 잦았다.

그때마다 녀석은 너무도 태연자약했고 그걸 지켜보는 다른 친구들이나 선생님들은 혀를 내두르거나 어이없는 표정을 지을 수밖에 없었다. 그런데도 정섭이의 딴짓은 멈출 줄 모르고 여전히 진행 중이다.

외로움을 담은 입술 도장 벽화

여름으로 접어들던 무렵, 학급 조례를 하려고 교실로 가던 중이었다. 바로 옆 반 담임인 김 선생님이 영희를 교실 앞 복도에 세워놓고 꾸중하고 있었다. 아침부터 무슨 일인가 싶어 물었더니 김 선생님이 복도 벽을 가리켰다.

복도 벽에는 빨간 자국이 여러 개 나란히 찍혀 있었다. 처음에는 누가 그림을 그려놓은 것으로 생각했는데 김 선생님 말씀으로는 영희가 제 입술로 직접 찍은 것이라고 했다.

그러니까 새빨간 립스틱 아니 '틴트'를 입술에 듬뿍 발라서 복도 벽에 입술 도장을 찍고 다니다가 현행범으로 담임 선생님한테 딱 걸린 거였다. 속으로 '아이고!' 소리가 나도 모르게 터져 나왔다. 그리고 도대체 왜 이런 일을 벌였을까 하는 의문이 뒤따랐다.

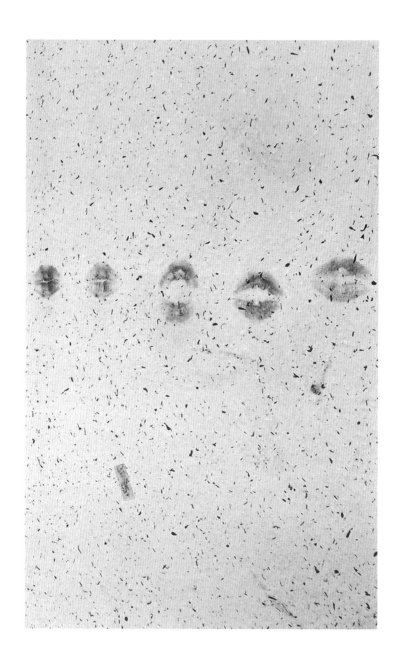

그날 2교시가 영희네 반 수업이었다. 학생들이 활동지를 푸는 사이 잠깐 영희에게 다가가서 물었다.

"오늘 아침에 왜 그랬어요?"

"외로워서 그랬어요!"

"외…롭…다고?"

"네!"

"그러니까 외로움을 입술 도장 벽화로 표현해 승화시켰다는 말이네?"

"빙고!"

너무도 해맑은 표정으로 손가락권총까지 쏘며 '빙고'라고 대답하는 영희 앞에서 더 이상 할 말이 없었다. 외-로-워-서, 복도 벽에 빨간 입술 자국을 새겨 넣은 열다섯 살 여중생의 고독한 예술혼 앞에서 한없이 작아지는 선생이 되고 말았다.

"오늘 밤만은 그대를 위해서 분홍의 립스틱을 바르겠어요. 그대 가슴에 지워지지 않을 분홍의 입술 자국 새기겠어요"라는 가사의 대중가요도 있고, "내일이면 잊으리. 꼭 잊으리. 립스틱 짙게 바르고~"로 시작하는 대중가요도 있다.

그런데 영희가 학교 복도 벽에 새겨놓은 입술 도장은 "그대 가슴에 지워지지 않을 입술 자국"도 아니었고 "내일이면 잊으리. 꼭 잊으리"라며 이별을 예감하고 짙게 바른 립스틱도 아니었다. 외로움이 너무 깊어 연애에 목마른 이팔청춘 중학생이 저지른 한바탕 구애의 몸부림, 바로 그것이었다.

그날 복도 벽에 남긴 입술 자국을 지우느라 영희는 혼쭐이 났다. 하지만 사랑을 갈구하는 불타는 창작욕은 거기서 그치지 않았다. 며칠 후 다른 반에 수업하러 갔는데 교실 뒷벽에 크고 붉은 꽃 한 송이가 그려진 것을 발견했다.

가까이 가서 보니 꽃을 닮은 입술 자국. 누구의 흔적이냐고 학생들에게 물었더니 아니나 다를까 영희의 이름을 댔다. 점심시간에 놀러 왔다가 흔적을 남기고는 절대로 손대지 말라며 투명한 테이프로 코팅까지 해두고 갔다는 것이다.

이쯤 되면 병도 아주 깊은 중증이다. 곳곳에 유혹의 흔적을 남겨 사랑을 찾으려는 지독한 열병. 불타는 사랑을 말릴 생각은 조금도 없지만 아무리 그렇다 하더라도 영희야, 벽이랑 뽀뽀하는 건 좀 다시 생각하면 안 될까요?

딴짓, 격렬하고 절실한 성장 과정

한창 수업이 무르익을 무렵. 무심코 왼쪽 맨 끝 분단 제일 앞줄(교탁 바로 아래와 더불어 교사의 시선이 자주 놓치게 되는 사각지대다)에 앉은 명진이의 책상이 눈에 들어왔다.

성능 좋은 줌 렌즈로 확대한 듯 책상 위에 펼쳐진 장면이 클로즈업됐다. 명진이의 책상 위에는 때가 절어 거뭇하게 변하긴 했지만 아직은 노란색을 잃지 않은 오리 모양의 천 조각이 찢어진 채 놓여 있었다. 칼질의 흔적도 선명했다. 명진이가 필통으로 쓰던 것이라는 걸 한눈에 알았다.

　헝겊 오리는 마치 진짜 오리를 손질한 듯 '머리-내장(솜뭉치)-천 조각'의 세 부위로 나뉘어 책상 위에 차례대로 펼쳐져 있었다. 명진이에게 물었다.

"왜… 이렇게?"

"그…냥…요."

"그냥?"

"예. 그냥… 아까 수업 시간에 선생님께 혼나고 그래서…."

　그러니까 이전 과학 시간에 숙제를 안 해와서 과학 선생님에게 심하게 꾸중을 들어 기분이 상했고, 화풀이로 오리 모양의 헝

겊 필통을 찢어버렸다는 이야기다. 그렇다고 곤충을 해부하듯 필통을 머리-내장(솜뭉치)-가죽으로 삼등분해놓은 것을 보니 뜨악했다.

분노의 감정을 이토록 거칠게 드러내고, 수업 시간이 바뀌었는데도 그걸 책상 위에 가지런히 펼쳐놓는 상황이 자주 있는 일도 아니어서 걱정되었다.

이젠 삼등분으로 찢어놓은 필통 조각을 치웠으면 좋겠다고 하려다가 먼저 명진이의 분노를 좀 더 진정시킬 시간이 필요하겠다 싶어서 그냥 두고 수업을 이어갔다. 쉬는 시간에 따로 불러 이야기를 해볼 생각이었다.

시간이 지나 수업을 마치기 10여 분쯤 남았을 때 명진이가 그 조각들을 주섬주섬 집어서 책상 속으로 넣는 게 보였다. 교실 뒤편에 있는 쓰레기통에 넣어도 괜찮다고 말해주었다. 냉큼 그렇게 하고는 자리로 돌아와 앉으며 씩~ 웃어 보인다.

제 깐에도 자신의 행동이 좀 불편했다는 걸 그렇게 어색한 웃음으로 보여준 것이다. 분노한 마음도 어느 정도 진정한 듯 보였다. 그 모습을 보고 나서 수업 후 따로 명진이를 부르지 않았다.

자신의 여러 가지 감정을 제대로 표현하지 못하고 자신도 불편하고 다른 사람을 더욱 놀라게 하는 '딴짓'으로 해결하려는 중학생이 제법 있다. 그 감정의 종류가 어떤 것이든 상관없이 말이다.

그 '딴짓'에 바로 냉정한 지적이나 벌칙을 들이대기보다는 조금만 시간을 주거나 지켜봐 주는 것만으로도 '딴짓'은 시행착오를 동반하는 성장의 교훈이 되기도 한다. 중학생들의 '딴짓'은 자주 엉뚱하고, 때로는 위험하지만 그 모두는 격렬하고 절실한 성장 과정인 셈이다.

세상에 소리쳐

무엇을 향한 울부짖음일까?

"야, 이 씨발 새끼야~!"

"꺅~! 꺅~! 꺅~!"

"우워어⋯우워어⋯."

"아~아~~악~~~!"

"ㅆ&ㅑ*&ㅗ%#ㄱ@!ㅇ&ㅕㅅㄹㅠ이쨔ㄹㅁㅇ6ㅔㅂ?"

교무실에 앉아 있으면 바깥 복도에서는 항상 학생들의 '소리'가 들린다. 그것을 소리라고 해야 할지는 모르겠지만. 10분여 쉬는 시간은 물론 한 시간 남짓한 점심시간에도, 그 밖에 학생들이 오가는 모든 순간에 복도에서는 소리가 울려 퍼진다.

교실이라고 예외는 아니다. 끊임없이 교사들이 조용히 하라는 명령을 하달하는 수업 시간은 그나마 양호하지만 천국 같은 평화와 고요, 편안한 안식과 명상 그런 건 학교에 없다. 열다섯 살 물오른 사춘기 청춘들이 득시글거리는 중학교에서는 더더욱 현실계의 일이 될 수 없다.

복도에서 학생들의 희한하고 요란한 온갖 소리가 공명하는 것을 못 견디는 다혈질 교사들은 교무실 자리를 박차고 일어나 복도로 나간다. 그러고는 학생보다 더 큰 소리로 악다구니를 쓴다.

"욕한 놈 나와!"

"방금 떠들고 소리 지르며 지나간 새끼 누구야!"

그러거나 말거나 복도는 아랑곳하지 않고 소리의 바다 상태를 유지한다. 반면 교실의 소란은 금세 제압돼 짧지만 순간적인 고요와 적막이 강물처럼 흐른다.

학생들이 뜻을 알 수 없는 소리만 지르는 것은 아니다. 독이 묻은 화살촉 같은 욕설만 날리는 것도 아니다. 최신 유행가를, 음정-박자 모두 무시한 채 고래고래 불러대기도 하고, 심지어는 교가로 목청을 높이는 학생도 있다. 느닷없이 단축 수업을 해 달라며 성대를 한껏 떨어대는 학생들도 있다.

운동장에서 저희끼리 내지르는 소리도 교실과 교무실까지 맑고 깨끗하게 들린다. 타고난 목청이 아니면 불가능하다. 사람의 언어로 표현할 수 없는, 세상에서 가장 기괴한 소리를 낼 수 있는 능력을 갖춘 이가 바로 대한민국의 열다섯 살 중학생들이다.

그들의 소리는 돌고래의 고주파 울음소리 따위는 감히 범접할 수 없는 신령함마저 갖추고 있다. 득음을 향한 한 맺힌 절규인 듯, 내면에 쌓인 분노를 티끌 한 점까지 끌어모아 소리로 뭉쳐 내지르는 듯, 인류를 구원할 새로운 언어를 창제하려는 무한 반복 연습인 듯, 무언가를 애타게 찾으며 갈구하는 그들만의 신호

인 듯, 중학생들이 내지르는 소리의 세계는 매우 경이롭고 아주 경악할 만하다.

그런 소리의 열망을 간직한 그들에게 교사는 끊임없이 조용히 입 다물 것을 요구한다. 조용히 하지 않으면 위협하고 벌주며 멸시와 모욕을 안긴다. 시를 가르치며 '소리 없는 아우성'의 역설이 아름답다고 밑줄을 그어주고 중요하다고 강조까지 한다. 말 많은 자 말로써 망할 것이라는 저주도 서슴지 않는다.

소리, 정체 모를 열다섯 살의 심연

그런데도 열다섯 살 중학생들은 소리를 낸다. 온갖 징계 위협에도 소리를 질러 그들의 에너지를 쏟아낸다. 그들이 내지르는 소리를 들을 때마다 한편으로는 어이없는 웃음이 터질 때도 있지만 다른 한 편으로는 정체 모를 그 소리의 심연이 궁금하고 불안해지기도 한다.

안쓰럽고 안타깝기도 하다. 온전하지 않은 형태의 기이한 소리로 발산하고 마는 그들의 답답한 속내를 시원히 들여다보기라도 했으면 싶은데 도무지 그 속을 알 수가 없다. 교실에서는 태연하고 얌전한 여학생 희림이도 교실만 나서면 언제든 힘차게 소리 지를 준비가 돼 있다. 남학생들에게 거친 욕설도 내뱉고, 꺄악꺄악 비명도 지른다. 그러다가도 복도에서 선생님을 만나면 언제 그랬냐는 듯 해맑게 웃으며 다소곳이 머리를 조아리며 인사한다.

표정 변화가 빛나는 연기력만큼은 세계 영화제 주연상 감이다.

아무래도 소리를 지르는 건 남학생들이 좀 더 소질 있어 보인다. 변성기를 겪고 있거나 이제 막 벗어난 남학생들은 거친 쳇소리이거나 굵은 목청으로 두려움 없이 소리를 질러댄다. 온전한 수컷으로 변해가면서 치기 어린 욕망이 스스로 행동을 과장되게 하거나 괴상한 소리를 지르는 것으로 자신을 과시하거나 드러내려는 게 확연히 보일 때도 있다.

작고 가볍게 말해도 좋을 것을 과장되게 큰 소리로 반복해서 말하는 건 자기에게 관심을 가져달라는 신호일 확률이 90% 이상이다. 나머지 10%는 진짜로 억울한 일을 당했는데 아무도 믿어주지 않거나 아주 분노했을 때 자신도 주체하지 못하는 화를 풀어내는 악다구니에 해당한다. 태우가 바로 이런 사례의 대표에 해당한다.

평소 교내 흡연 등 이런저런 일들로 선생님들에게 찍혀서 주목 대상이었던 태우는 조금만 억울하거나 오해를 받거나 부당한 일을 겪으면 과장되게 흥분하여 목소리를 높여 "아~ 샘, 저 아니라고요!"라며 소리 지르는 버릇이 있다. 문제가 해결되면 바로 귀염둥이 버전으로 돌아가는 기민함을 보여주기도 한다.

저마다 학생들이 소리를 지르는 데에는 사정이 있을 터이고, 특별한 병이나 일부러 계획한 것이 아니라면 그 역시 열다섯 살을 통과하는 성장의 과정일 테다. 교실에서는 교실대로 교실이 아닌 곳에서는 또 그것대로 마음껏 소리라도 지를 수 있다는 게 다행스럽게 느껴지기도 한다. 견디고 버티는 것으로 하루를 보내야 하는 학교생활이 그것으로라도 해소되는 무엇이 있다면 정말 다행한 일이다. 그래서 때로 학교는 학생들이 그나마 한껏 소리를 지를 수 있는 해방구 같이 느껴지기도 한다. 종종 거기에는 불벼락 같은 선생님들의 꾸중과 벌칙이 따라붙을 때가 자주 있긴 하지만 말이다.

다만, 그들의 소리가 거친 욕설과 두려움 없이 내지르는 분노와 저주일 때는 무섭고 섬뜩할 때도 있다. 도대체 누가, 무엇이, 열다섯 살에게 그런 가혹한 발성법을 가르쳤는지, 왜 그랬는지 등이 몹시도 궁금하면서 짠한 마음이 드는 건 어쩔 수가 없다.

다음 학기에는 소리 지를 권리와 자유를 만끽할 수 있는 수업계획을 짜봐야겠다. 더불어 나도 이들과 함께 속 시원히 소리를 좀 질러봐야겠다.

상처로 인해 폭력을 상상하다

"아버지를 죽이고 싶어요"

자식에게 복수 당하는 부모의 핵심은 자식이 어렸을 때 애착 본능을 충족시켜주지 못해서든, 뇌에 맞지 않는 무리한 인지학습을 시켜서든 아이에게 스트레스를 주었고, 그것이 뇌를 망가지게 해서 아이의 마음, 즉 성격이 나빠졌다는 것이다. 성격이 무너지면 온갖 반항과 정신적 장애, 공격성, 게임 중독 등으로 이어진다. 아이가 그렇게 되면 부모 입장에서는 복수를 당하는 것이다.[11]

중학생이 되면서 몸과 마음의 변화는 물론 자신을 둘러싼 모든 환경과 조건 등이 그들에게 스트레스로 작용하기도 한다. 학교와 공부만이 스트레스의 원인이 되는 게 아니다.

어른들이 생각하기에 어린이에서 벗어나 청소년이 되어 조금

---

11. 전성수·고현승,《질문이 있는 교실 : 중등편》(2015) 중에서.

씩 철이 드는 때라고 여기는 중학생 시기에도 이들은 가족으로부터 받는 스트레스가 크다. 아동 학대의 80% 이상 가장 큰 부분을 차지하는 가정에서 받는 학대 역시 중학생이라고 해서 예외가 아니다.

부모의 이혼이나 가정불화, 일방적인 양육 태도, 가정 폭력 등으로 중학생들은 상처와 스트레스를 받는다. 그 상처 때문에 힘들어하는 두 명의 열다섯 살 중학생 이야기이다.

5월 무렵이었다. 학생들이 한창 활동지를 정리하느라 교과서를 뒤적이던 수업 시간이었다. 천천히 학생들이 앉아 있는 책상 사이를 돌며 활동지 해결하는 모습을 살피고 있었다. 뒷자리에 앉아 있던 진수의 교과서 한쪽에 '아버지…'라고 적혀 있었다. 아버지를 생각하며 쓴 낙서 같아서 슬쩍 다가가서 물었다.

"진수는 아버지가 보고 싶은가 보구나?"

사춘기에 접어들면서 자기 세계를 확장하는 과정에서 아버지와 점점 거리가 생기는 남학생들이 있게 마련인데, 진수는 교과서에까지 아버지라고 써놓았기에 여전히 아버지와 관계가 좋을 것으로 생각했다. 그런데 진수는 아무 대답이 없었다. 평소에 반항기가 좀 있었고 툭툭 내뱉는 듯한 말투로 무뚝뚝함을 나타내긴 했으나 그 순간은 많이 달랐다. 아주 짧은 침묵이 흐른 후 진수는 조용히, 옆에 앉아 있던 친구에게 들릴까 말까 한 소리로 말했다.

"아버지를… 죽이고… 싶어요."

그러고는 180cm가 넘는 큰 덩치를 들썩이더니 책상 위에 펼쳐놓은 교과서에 눈물을 뚝뚝 떨구었다. 온몸에는 잔뜩 힘이 들어가 바위처럼 굳어 있었다. 갑자기 벌어진 상황에 순간 너무나 놀라고 당황했다. 아버지를 죽이고 싶다니. 진수에게 도대체 무슨 일이 있었을까. 진수를 제대로 달랠 틈도 없이 이내 수업을 마치는 종이 울렸다. 다행히 진수의 눈물도 멈추었다.

당장 진수를 따로 불러 이야기를 좀 해볼까 싶었지만 그것이 오히려 진수를 더 자극하는 일이 될 수도 있을 것 같아 조용히 어깨를 두드리며 괜찮다고 말을 하고는 교실을 나왔다. 교무실에 돌아와서도 충격은 가시지 않았다. 그렇다고 진수 담임에게 뭐라고 말을 전하기도 조심스러운 상황이었다.

다음 날, 출장으로 교육청에 다녀오는 길에 전화가 걸려왔다. 무심코 받았더니 낯선 여성의 목소리였다. 내가 누구인지를 확인한 그는 진수 엄마라고 자신을 소개하고는 어제 학교에서 진수한테 무슨 일이 있었느냐고 물었다. 집에 와서 진수가 한참을 울었다고 했다. 평소 진수가 내 이야기를 자주 해서 전화를 했다고.

진수 엄마의 이야기를 다 듣고 잠시 망설이다가 어제 수업 시간에 있었던 일을 모두 들려주었다. 진수가 갑자기 수업 시간에 아버지를 죽이고 싶다는 말을 했다고, 집에 무슨 일이 있느냐고. 내 이야기를 들은 진수 엄마는 아무 말도 하지 않았다. 당연히 충격이 컸을 것이다. 진수 엄마는 울기 시작했다. 당황스러웠지만 전화를 끊을 수도 다른 말을 더 할 수도 없었다. 얼마 동안을 울던 진수 엄마는 내일 학교로 좀 찾아뵙고 이야기를 나누고 싶다고 했다. 수업이 비는 시간을 알려주었더니 다음 날 오전 진수 엄마가 학교로 찾아왔다. 휴게실에서 마주 앉은 진수 엄마는 담담하게 가정 이야기를 풀어놓았다.

"진수 아빠가 좀 많이 엄한 편이에요. 자기 뜻대로 모든 걸 하려는 성격이에요. 진수가 서너 살 때부터 아빠한테 많이 맞으면서 자랐어요. 조금만 실수하거나 잘못하면 항상 맞았어요. 저랑 남편도 자주 싸웠고 그러다 보니 집에서 큰 소리 날 때가 잦았어요. 남편이 저를 때리는 일도 종종 있었고요. 그러다가도 진수 아빠가 진수나 저에게 아주 잘해줄 때도 많았어요. 자상하게 잘 챙겨주기도 하고. 그런 상황이 진수가 자라면서도 계속 이어졌고 중2가 된 지금도 마찬가지예요."

진수 엄마의 이야기를 다 듣고 나니 충격이 더욱 컸다. 진수의 갑작스러운 행동에는 평소 아버지에 대한 분노가 숨어 있던 게 분명했다. 무엇보다 진수가 걱정되었다. 이대로 두면 무슨 일이 벌어질지 두렵기도 했다. 조심스럽게 상담 치료를 시작해보는 게 어떻겠냐고 진수 엄마에게 물었다.

교사로서 학부모에게 상담 치료를 권하는 일은 매우 어렵고 여간 불편한 것이 아니다. 상담에 대한 인식이 많이 좋아지긴 했지만 여전히 일부 부모들은 자기 자식을 정신 이상자로 취급한다고 판단한다. 매우 못마땅해하거나 상담을 권하는 교사가 자기 자식을 미워해서 그런다고 여기기도 한다. 심지어 조언한 교사에게 욕설하거나 주먹을 휘두르는 일도 있다.

다행히 진수 엄마는 그런 방법이 있다면 해보겠다고 했다. 나는 한 걸음 더 나아가 진수뿐만 아니라 엄마와 아버지도 함께하는 가족 상담을 받아보면 좋겠다고까지 권했다. 진수 엄마는 집에 가서 남편과 이야기해보겠다며 고맙다는 인사를 남기고 돌아갔다. 문제의 심각성을 느끼고 있다는 방증이었다.

놀라운 일은 그다음부터 벌어졌다. 진수 부모는 물론 진수까지 함께 상담을 받기로 한 것이다. 일주일에 두 번씩 정기적으로 세 식구가 함께 상담을 받으러 다니게 되었다. 진수 아버지가 받은 충격이 제일 컸다고 했다. 아들이 자신을 죽이고 싶다고 할 정도까지 분노했다는 말을 전해 듣고 밤새 울며 힘들어했다고. 그것이 거부감 없이 상담을 받도록 이끈 힘이 되었다.

진수네 가족이 상담을 받기 시작한 지 3개월여를 넘기면서 진수의 눈빛이 많이 부드러워진 것을 느낄 수 있었다. 환하게 웃기도 했고, 묻지 않아도 제가 먼저 자신의 이야기를 들려주었고 아버지와 목욕탕도 함께 가는 사이가 되었다고도 알려주었다. 진수네 가정이 회복 과정으로 접어들고 있음을 짐작할 수 있었다.

사랑의 결핍과 갈망이 이끄는 곳

안타깝게도 부모로부터 상처받은 모든 학생이 이런 행복한 결말을 맞지는 않는다. 이혼 후 한부모 가정을 이끌며 힘겨워하는 엄마와 함께 사는 범희가 그런 경우였다.

범희는 2학년이 되면서 학급 회장에 뽑혔다. 걱실걱실 하니 친구들이나 선생님들에게나 붙임성이 좋았다. 그렇게 큰 탈 없이 2

학기를 거의 마쳐가던 10월, 범희가 담배를 피우다 걸려서 교무실에 불려왔다.

학생부장의 조사가 시작되자 범희는 흡연 사실을 강력히 부인하며 자신은 결코 그런 적이 없노라고 목소리를 높였다. 하는 행동으로 보아서는 정말 억울하게 잡혀 온 것 같았다. 그러나 최종적으로 범희가 담배를 사 친구들과 후배들에게 개비로 팔며 이익을 챙기는 담배 공급책이었다는 사실이 드러났다. 징계를 피할 수가 없었다. 입때까지만 해도 그 시기에 흔한 일의 하나라고 생각했을 뿐이었다.

그로부터 한 달여가 지난 무렵, '가족'을 주제로 한 글쓰기 수업 시간이었는데 범희가 쓴 글은 그냥 읽고 지나칠 수 없는 경악할 만한 내용이었다. 처음에는 잔혹한 게임 속 이야기를 풀어 적은 줄 알았다. 하지만 범희가 쓴 글의 내용은 그의 내면에 있는 목소리가 글로 변한 것이었다.

아버지 우리 가족 이번 주말에 어디로 놀러 가고 싶니?
어머니 여보, 이번 달에 재밌는 영화 나왔다는데 영화나 보러
　　가요.
딸 아, 공부 때문에 힘든데 집에서 쉬어요.
아들 놀이공원 가요(살인미소).
아버지 아빠는 산에 가고 싶은데….
(정적이 흐르고)
아들 (부엌으로 간다. 칼을 들고) 놀이공원 안 갈 거야? (ㅎㅎㅎ)

어머니 아들아 진정하렴.

아들 조용히 안 해! (쑤욱 엄마를 찌르며)

(엄마가 사망하였습니다)

아버지, 딸 (당황하며) 끼약~!

아들 조용히 하라고! (아빠와 딸을 찔러 죽인다)

아들 이제 놀이공원 가자~. (시체와 함께)

놀이공원에 가고 싶다는 제 뜻을 식구들이 받아주지 않자 아버지와 엄마 그리고 누나까지 모두 살해하고는 그 시체들과 함께 놀이공원에 가려 하는 아들의 모습을 너무도 태연하게 그려 놓았다. 저마다 주말을 보내고 싶은 방법에 대한 생각이 다른 식구들, 가족의 형태를 갖추고 있으나 가족의 기능이나 역할을 제대로 못하고 각각 자신의 이야기만 하며 흩어져 있는 가족 구성원의 모습도 그대로 드러났다.

그래서 아들은 이들 모두를 죽여서 시체로라도 가족 모두가 놀이공원에 가기를 꿈꾸었던 것일까. 그것이 범희 마음속에 잠재한 가족에 대한 분노이자 그리움 같은 것이었을까. 가족에 대한 결핍과 갈망을 이렇듯 엽기적이고 잔인한 광경으로 거리낌 없이 그려낸 것일까.

어떻게 생각하더라도 잔혹한 게임 스토리이거나 공포 영화 속 이야기 같은, 현실에서는 전혀 불가능할 것 같은 무서운 내용이라는 것은 변하지 않는다. 범희는 가족을 주제로 한 글쓰기 대본을 이렇듯 잔혹하게(혹은 간절하게?) 만들어 제출한 것이다. 실제로 현실에서 그와 같은 일이 벌어진다면 온 세계가 경악할만한 세기의 사건이 될 것이 분명하다. 그러기에 더욱 놀랄 수밖에 없었다.

범희의 이런 내면에는 엄마의 지나친 간섭과 단속이 도사리고 있었다. 남편과 이혼 후 혼자서 계약직으로 전전하는 직장 생활을 하며 형제(범희와 형)를 힘들게 키우며 생활하다 보니 삶에 지치고 정서도 거칠어진 것이다. 특히 혼자서라도 자식을 잘 키워야 한다는 강박에 가까운 지나친 애정과 그릇된 양육 방식이 자식들에게는 사랑이 아닌 큰 스트레스이자 압박이 되었다. 사소한 일까지 일일이 간섭하고 잔소리하며 억압하는 것으로 자신의 사랑을 표현하고 자신을 위로했다.

범희보다 두 살 많은 형도 같은 학교에 다녔는데, 그가 중3이던 때도 사건이 있었다. 엄마가 담임 선생님과 통화할 일이 있어 학교로 전화를 두 번 했는데 그때마다 담임 선생님이 수업 중이어서 전화를 못 받았다. 이것을 두고 담임 선생님이 자신을 무시했다면서 엄마가 학교에 찾아와 심하게 욕하고 행패를 부리다시피 하고 간 일도 있다는 것이다.

범희 형은 그런 엄마를 이해하며 자신을 포기하는 방식으로 자신의 삶을 선택했다. 일탈이나 저항하기보다는 자신 속으로 들어가 숨어버리는 아주 소심하고 내성적인 모습이 되었다. 그러나 범희는 달랐다. 중학생 시기 남학생에게는 남성 호르몬인 테스토스테론이 성인보다 45배 증가한다고 하는데 이 때문에 여학생보다 분노에 민감하고 조절이 어렵다는 걸 범희가 증명한 셈이다.

앞에서 살펴본 진수나 범희 모두 가정에서 지나치거나 모자라지 않는 관심과 지지 속에 성장하는 환경이 얼마나 중요한 것인가를 확인시켜 준 사례다. 이들의 상처는 모두 가정과 부모에게서 비롯한 것으로, 가장 일차적이고 근본적이다.

얼마 전 '동상이몽'이라는 TV 프로그램에 나온 한 유명인도 출연한 학생의 고민을 들으면서 자신 역시 "아버지와 사이가 안 좋다. 중학교 때부터 떨어져서 살았고 아버지를 원망하는 힘으로 살았다"고 고백해 아버지를 향한 분노와 원망의 상처를 드러내기도 했다.

진수는 부모의 반성과 새로운 관계를 만들려는 노력으로 원래의 자리로 빨리 회복할 기회가 있었지만, 범희의 경우는 아직도 크게 달라지지 않은 상태에서 3학년 진급을 앞두고 있다. 학교에서 위 클래스[12]를 통해 상담을 진행하고 있기는 하지만 이럴 때 학교에서 할 수 있는 일은 제한적일 수밖에 없다.

부모로 인한 상처나 갈등이 이렇게라도 드러나지 않고 속으로 감추거나 혼자서 앓고 있을 다른 학생들이 더 있을 것으로 생각하면 교사로서 더욱 무기력해질 뿐이다.

---

12. 위 클래스(Wee Class)란? 학생들의 학교 적응을 위한 상담과 심리 검사 등의 일을 한다. Wee는 We+education 또는 We+emotion 의 합성어로써, 학교, 교육청, 지역 사회가 연계하여 학생들의 건강하고 즐거운 학교생활을 지원하는 3단계의 다중 통합 지원 서비스망이다. 2008년부터 학교에는 '위 클래스', 지역 교육청에는 '위 센터', 시·도 교육청에는 '위 스쿨'이 있다.

아지트 놀이를 즐기는 어둠의 자식들

누구나 치유의 동굴이 필요하다

사람들은 누구나 '자신만의 구석'이 있다. 일상에서 힘들고 지친 몸과 마음을 가만히 어루만지며 끌어안을 수 있는 공간, 그러면서 새로운 의욕과 희망을 충전하는 곳 말이다.

보통 아이들은 3세 이상이 되면 자기만의 비밀스러운 아지트를 가지려고 한다. 식탁 밑이나 책상 아래, 옷장 속이나 커튼 뒤 등의 자리에 가서 가만히 숨어 있는 행위 등이 바로 그것이다. 가장 아늑하고 안락하며 편안했던 엄마의 뱃속을 그리워하는 자연스러운 현상이다.

또한 이 무렵 아이들은 경험의 범위가 넓어지고 자존감이 생기기 때문에 스트레스나 불만이 있을 때 심리적 안정을 주는 엄마 뱃속 같은 공간에 웅크리고 있으면서 그것을 해소한다. 유아기의 이러한 행위는 정서적 안정감과 풍부한 감수성, 지각 능력 발달을 촉진한다고 한다.

일찍이 네덜란드의 교육학자인 마르티뉘스 랑에펠트도 정서적인 안정감을 주는 '아이들만의 비밀스러운 장소'에 대해 언급했고, 덴마크의 건축가였던 스틴 라스무센도 '아이들의 동굴놀이'라는 말로 "아이 자신만을 위한 에워싸인 공간"을 이야기한 바 있다. 이처럼 자신만의 아지트를 만들고 깃드는 행위는 아직 유아기 흔적이 희미하게 남아 있는 초등학교 고학년에서도 흔하게 발견할 수 있다.

그런데 이미 유아기를 벗어나 인생의 물오른 봄을 맞이한 열다섯 살 중학생도 이런 아지트 놀이를 여전히 즐기고 있다는 걸 세상 사람들은 알까? 몇 가지 상황을 보기로 하자.

우리나라 대부분 초중고 교실은 한낮에도 형광등을 켜지 않으면 어두컴컴하다. 비가 오는 날이나 흐린 날은 더욱 그렇다. 전등 없이는 제대로 교과서를 읽거나 칠판을 보는 등의 학습활동을 하기 어렵고 힘들다.[13] 그래서 수업하러 교실에 들어가면 커튼을 걷고 창문을 열어 환기하고 전등을 꺼놓은 곳이 있으면 불을 켜는 것이 제일 먼저 하는 일이다.

여느 때와 다름없이 시작 종소리와 함께 교실로 갔다. 그런데 복도에서 보기에도 교실은 아주 깜깜했다. 시커먼 교실에 검은 형체로 옹기종기 모여 있던 학생들은 내가 들어가자 저마다 제자리로 가 앉았다. 아무도 불을 켜거나 커튼을 걷지는 않았다. 불을 켜고 커튼을 걷자고 한 다음 학생들에게 물었다.

"왜 불을 끄고 있었어요?"

여러 명이 동시에 대답했는데 내용은 비슷했다.

"어두운 게 좋아요."

"마음이 편해져요."

"분위기가 더 좋아요."

학생들은 불을 끄고 커튼으로 창문을 가린 교실의 어두컴컴한 분위기를 즐기고 있었다. 심지어 안락함과 편안함마저 느낀다니. 가만히 살펴보면 교실이라는 공간이 오로지 공부만을 목적으로 하는 책상과 의자, 칠판, 게시판, 사물함 같은 것들만 있는 곳이어서 삭막하고 황량하기 짝이 없다. 학생들은 이를 까맣게 변신시켜 놓고 마음의 휴식 시간을 보내고 있었던 셈이다. 어둡고 음침한 분위기로밖에 안 느껴지는 검은 교실이 학생들에게는 이토록 행복한 공간으로 변신할 수 있다는 것이 놀라웠다.

한술 더 떠서 학생들은 이러한 분위기를 계절별로 다른 느낌

---

13. 선진국에서는 학교 조명에 대한 시설별 세부 규정을 마련해 학생들의 눈 건강과 집중도를 위해 노력하고 있다. 독일은 눈부심과 직사광선을 차단하기 위한 시설까지 고려한 내부 규칙까지 마련해두었다고 한다.
그러나 우리나라는 학교보건법 시행규칙 제3조에 의거한 별표 규정이 달랑 있을 뿐이다. 그에 따르면 '교실의 조명도는 책상 면을 기준으로 300lux 이상이 되도록 할 것'(학교보건법 시행규칙 제3조 [별표2]〈개정 2005. 11. 14.〉 환기-채광-조명-온습도의 조절 기준과 환기 설비의 구조 및 설치 기준)이라고만 규정할 뿐 그 이상의 구체적 기준은 없다.
그나마도 1997년 9월 이전에는 150lux였고 현재의 300lux 규정을 제대로 지키는 학교도 많지 않다. 일부 지자체에서 LED 등으로 교체하여 조도를 확보하려고 노력하고 있으나 여전히 턱없이 부족한 실정이다. 300lux는 교실 한 칸 67.5㎡(사방 8.2m, 20.41875평)에 40W 긴 형광등 16개를 설치했을 때 나올 수 있는 밝기라고 한다.
한국산업규격(KS) 조도 기준에서도 교실(칠판)의 경우 최저 300lux, 최고 600lux로 규정하고 있으며 400lux를 표준 조도값으로 설정하고 있다.

으로 이야기한다. 교실의 불을 끄고 커튼으로 창문을 가리면 여름에는 시원하고, 겨울에는 따뜻하다고 말하는 것이다. 수긍이 가는 면이 없지는 않으나 우울증에 걸리기 딱 좋을 것 같은 어둠이 낯설기만 하다.

'어둠의 자식들'이 되는 걸 즐기는 중학생들의 이런 모습은 마치 유아기에 책상 밑이나 이불 속 같은 공간을 자기만의 안락한 영역으로 생각하는 아지트 놀이와 크게 다르지 않아 보인다. 성장 단계로 보자면 이미 유아기를 벗어났지만 정신의 어느 부분은 아직 유아기적 상황에 머물러 있는 것으로 해석하기에 충분한 장면이다.

아지트 놀이, 성장 위해 웅크리는 몸짓

상황은 좀 다르지만 일부의 다른 학생들은 어두운 교실뿐만 아니라 학교 화장실을 아지트 놀이의 공간으로 활용하기도 한다. 학교 화장실, 그중에서도 학생용 화장실이라는 게 일반적인 공공시설의 그것과 비교하면 시설이나 환경이 그리 좋은 편이 아니다. 그런데도 특히 수업에 적응 못 하고 학교생활을 힘들어하는 학생일수록 화장실에 애착을 보이는 경향이 강하다. 주로 남학생보다는 여학생에게서 이런 경우를 종종 발견하게 된다. 수경이가 그랬다.

수경이는 수업을 시작하고 얼마의 시간이 흐른 후 선생님에게

배가 아프다며 화장실에 다녀오겠다는 말을 자주했다. 그러고는 화장실에 가서 수업이 다 끝나도록 교실로 돌아오지 않는 일이 잦았다. 가끔은 오전이나 오후 수업 전체를 빼먹고 화장실에 앉아서 지내는 때도 있었다. 그때마다 수경이는 화장실에서 공상하거나 토막잠을 자며 시간을 보냈다. 결국 선생님에게 이끌려 꾸중을 듣는 것으로 마무리되는 일상이 자주 반복됐다. 수경이는 수업을 견디기 힘들어했고 학급 친구들과의 관계도 좋지 않았기에 화장실을 숨어 있기 좋은 방이라고 여긴 것이다.

이처럼 중학생 시기에 유아기에서 볼 수 있는 아지트 놀이에 몰입하는 퇴행이 나타나는 것을 어떻게 이해해야 할까. 연구에 따르면 중학생 시기는 기억과 감정을 담당하는 뇌의 영역인 '편도체'가 활성화된다고 한다. 이 시기의 중학생들이 정서 조절이 잘 안 되고 충동을 쉽게 억제하지 못하는 불안정한 모습을 보이는 이유가 바로 이 편도체 탓이라는 거다. 이러한 편도체의 잘못을 바로잡아주는 곳이 '전두엽'인데 중학생들은 아직 전두엽이 미완의 상태이기 때문에 편도체의 영향을 더 크게 받는다.

이를 통해 짐작해보면 중학생들이 깜깜한 교실을 자신만의 구석으로 만드는 아지트 놀이는 감당할 수 없을 만큼 거칠어지기도 하는 자신들의 정서를 조절하고 보호하려는 본능의 호출이거나 다음 단계로 성장하기 위해 잠깐 웅크리는 몸짓일 수도 있겠다는 생각이 든다. 수경이 같은 여학생들의 화장실 아지트 놀이는 좀 더 다른 차원에서 살펴보고 관심을 기울일 필요도 있지 않을까?

그리고 아무 말도 하지 않았다

말할 줄 알아요

2016년 1월 영국의 경제신문 《파이낸셜 타임스》는 흥미로운 설문 조사 결과를 보도했다. 스마트폰 사용자 가운데 지난 1년 동안 통화 기능을 쓰지 않았다고 대답한 이가 전체 응답자의 22%에 이르러 스마트폰 사용자 다섯 명 중 한 명 꼴로 음성 통화를 하지 않았다는 것이다. 이는 말(음성)보다는 문자와 데이터의 시대, 입이 아닌 글로 말하는 시대가 본격화했음을 확인케 하는 보도였다. 우리나라 역시 각 통신사가 음성 통화가 아닌 데이터 사용량을 기준으로 스마트폰 요금제를 전면 개편하는 것으로 음성통화 시대가 저물고 있다는 것을 보여주었다.

학생들의 스마트폰 사용 형태를 보면 음성통화 기능은 이미 오래전부터 기능을 잃고 있었다. 메신저 애플리케이션을 이용한 문자 소통이 중심을 이루기 때문이다. 그러나 아침에 등교해서 하교 후 집에 갈 때까지 학교에서 보내는 동안 대부분 학교에서 스마트폰을 압수하고 사용을 금지하기 때문에 이들의 말로 하는 수다는 봇물 터지듯 이어지는 게 현실이다. 선생님들로부터 "입 다물어라", "조용히 해라"라는 명령과 지시를 쉴 없이 듣지만 그때뿐이다.

그런데 신기하게도 학교에 와서 하루 종일 한마디도 안 하는 학생들이 간혹 있다. 하루 종일이 아니라 365일 나아가 3년 내내 아무 말도 하지 않고 졸업하는 학생들이 있다. 수업 시간에 선생님들이 어떤 질문을 해도 입을 꼭 다물고 눈빛으로 난처한 표정을 지을 뿐이고, 친구들이 말을 걸어도 입술을 움직이지 않는다. 그렇다고 청력에 이상이 있거나 말을 못 하는 장애가 있는 것은 결코 아니다.

공교롭게도 1학년과 2학년 때 연거푸 담임을 맡아 좀 더 가까이 지낼 수 있었던 창혁이가 그랬다. 처음 만난 1학년 때에는 중학생이 된 새로운 환경과 친구들이며 선생님들이 낯설어서 그런 것으로 생각했다. 지나치게 소심하고 내성적인 학생이니 기를 좀 펴고 지낼 수 있도록 도와주어야겠다고만 생각했다.

하지만 시간이 흘러도 창혁이는 말을 하지 않았다. 이름을 불러도, 수업 시간에 질문해도, 상담을 위해 따로 불러 편안한 자리를 마련해도 침묵으로 일관했다. 혼자서 원맨쇼를 하듯 온갖 말을 걸어보다가 지치는 날이 반복됐다. 결국 다른 방법을 찾지 못하고 창혁이 아버지를 학교로 오시라고 했다. 무슨 사연이 있는지 들어보고 싶었기 때문이다. 혹여 선택적 함묵증은 아닌지 하는 의구심도 해결해보고 싶었다.

창혁이 아버지에게 입을 열지 않는 창혁이의 학교생활 모습을 이야기하고 집에서도 그런지, 무슨 까닭이 있는지 물었다. 대답하는 창혁이 아버지도 말수가 적기로는 창혁이보다 조금 나은 상태였다.

"그냥 어려서부터 창혁이는 말이 없었어요. 초등학교 다닐 때도 그랬고. 집에서도 말을 잘 안 해요."

"부모님이랑 대화가 거의 없는 편인가요?"

"네. 저나 창혁이 엄마도 말을 많이 하는 편은 아닙니다."

"아직 왕따를 당한다거나 하는 일은 없지만 학교에서 정상적인 친구 관계를 맺거나 수업 등의 활동을 하는 데 어려움이 있는데 그냥 두어도 괜찮을까요?"

"말수가 없어서 그렇지 지금까지 아무 탈 없이 잘 지내왔어요. 걱정 안 하셔도 됩니다."

부모가 보기에 별일 아니니 신경 안 써도 괜찮다는 이야기였다. 그 밖의 다른 원인을 찾아내려 아버지와 대화를 이어갔지만 워낙 말수가 없고 짧게 말하는 터라 소득이 없었다. 아버지와의 상담은 그렇게 끝이 났고 문제를 별로 심각하게 받아들이지 않는 것 같아 난감했다. 그렇다고 뾰족하게 할 수 있는 일도 없었다. 상담 선생님에게 상담을 받아보게 하면 어떻겠냐고 물었는데 부자가 모두 거절했다. 그나마 창혁이가 친구들에게 소외당하지 않고 그럭저럭 잘 지내주는 것을 고맙고 다행으로 여길 수밖에 없었다. 그렇게 1학년이 지나갔다.

2학년이 되어 다시 만난 창혁이는 1학년 때와 달라진 게 없었다. 아니 그나마 조금 나아진 게 있다면 아무 대꾸도 하지 않던 모습에서 이제는 아주아주 작은 소리로 "네"라는 말과 고개를 세로로 흔들거나 가로젓는 것 정도는 하게 되었다는 것이었다. 그렇게 되기까지 1년이 넘었다. 그러나 여전히 창혁이의 제대로 된 목소리는 들을 수 없었다.

신기한 일은 그토록 입을 굳게 다물고 있는 창혁이가 몇몇 친구들과는 아주 조금이지만 대화를 한다는 사실이었다. 가까이 지내며 창혁이를 챙겨주는 친구들이 무얼 물으면 아주 작은 소리로 짧게 대답하는 것이다. 더욱 놀라운 것은 말로는 아무것도 안 하던 창혁이가 친구들과의 SNS 메신저 활동에서는 제법 많은-그래 봐야 다른 친구들에 비하면 턱도 없지만- 말 아니 글로 자신의 목소리를 낸다는 친구들의 제보였다. 한편으로는 의아하면서도 놀랍고, 다른 한편으로는 적이 마음이 놓였다. 그렇게라도 친구들과 대화하며 소통한다는 게 얼마나 다행스러운 일인가 싶었다.

2학년이 저물어가던 초가을 체육대회 때의 일이다. 학교 체육대회 때가 되면 으레 학생들은 학급별로 '반티'라고 부르는 학급별 티셔츠를 만들어 함께 입고 다른 반과 구분을 짓기도 하고 자신들만의 개성을 뽐내기도 한다. 이때도 예외는 아니어서 체육대회를 하기 두어 달 전부터 어떤 디자인으로 할 것인가를 두고 학생들은 회의를 거듭했고 최종 디자인을 확정했다. 반바지와 긴소매 차림의 상의 체육복으로 하고 등에는 저마다 자신을 드러낼 수 있는 말들을 자유롭게 써넣기로 했다.

체육대회 당일 나는 우연히 창혁이의 등에 붙은 글귀를 보고는 한동안 뭐라 말할 수 없는 묘한 기분에 사로잡혔다. 창혁이는 등에 하얀 글씨로 '말할 줄 알아요!'라고 써 붙인 티셔츠를 입고 태연하게 운동장을 돌아다니고 있었다. 창혁이 본인이 의도한 것인지 아니면 친구들이 그렇게 만들어 붙여준 것인지 궁금해서 창혁이에게 다가가 물었다.

"등에 써놓은 거 네가 직접 생각해낸 거예요?"

"…."

"친구들이 해준 거예요?"

"…."

창혁이는 대답 대신 두 번째 질문에 고개를 살짝 끄덕이며 별거 아닌 일로 왜 그러냐는 듯 심드렁한 표정을 지어 보였다. 저렇게 자신의 아픈 데를 전교생에게 드러내도 괜찮은 걸까 싶다가도 전교생 앞에서 저렇게 드러낼 정도라면 크게 걱정하지 않아도 되는 일이겠다는 생각이 엎치락뒤치락 했다. 그날 창혁이는 아무렇지도 않았고 다른 학생들이 창혁이에게 뭐라고 말을 붙이거나 뒷공론을 벌이는 모습도 찾아볼 수 없었기에 정말 다행스럽게 마무리가 되었다.

그 뒤로 창혁이와 친하게 지내는 친구들의 말에 따르면 창혁이의 말수가 제법 늘었다고 했다. 수다스럽게 떠들고 많은 이야기를 하는 것은 아니지만 제 생각이나 의견을 조금씩 말한다는 것이다. 창혁이 마음 어딘가 굳게 닫혀 있던 무언가가 조금씩 환하게 문을 열고 있다는 소식 같아서 아주 기뻤다. 창혁이가 2학

년을 거의 끝마쳐 가던 무렵이었다.

별명은 '바야바'

다른 반 학생인 희정이는 창혁이와 비슷한 듯하면서도 좀 달랐다. 아무하고도 말하지 않는 것은 둘이 똑같았다. 그것 말고 희정이에게는 별명이 있었다. '바야바'. 1980년대에 방영했던 어린이를 위한 TV 외화에 등장한 긴 털로 온몸이 뒤덮인 등장인물이 바로 바야바다. 한창 예쁜 열다섯 살 여학생 희정이에게 털북숭이 별명이 붙은 이유는 이랬다.

희정이는 집에서 엄마와 최소한의 의사소통을 하는 것 말고는 누구와도 말을 하지 않는 것은 물론 잠잘 때를 제외하고는 하루 종일 머리카락을 풀어헤쳐서 얼굴을 가리고 다닌다. 처음 희정이를 맞닥뜨린 사람들은 그 기이한 모습에 깜짝 놀라고 만다. 특이한 모습에 전교생이 희정이를 모르면 간첩이라는 소리까지 나올 지경이 되었다. 바야바라는 별명은 희정이라는 이름 대신 누가 붙였는지도 모르게 어느 사이엔가 희정이를 가리키는 이름 아닌 이름이 되어버렸다.

그러거나 말거나 희정이는 친구들이나 선생님들과의 대화를 피했고, 눈을 마주치는 것조차도 한사코 거부했다. 수업 시간에도 칠판이나 교탁 앞의 선생님을 정면으로 바라보는 일 같은 건 없었다. 책상에 이마를 붙이다시피 하며 교과서에 눈을 파묻는 것으로 그만이었다.

친구들끼리 책상을 모아 붙이고 모둠을 만들어 활동할 때에도 희정이는 친구들과 한마디도 안 했다. 다행히 친구들은 그런 희정이를 배려해 괴롭히거나 곤란하게 만들지는 않았다. 2학년이 끝나가던 어느 날 자습 시간에는 《살인예언자》라는 책을 꺼내 반쯤 펼치고 얼굴을 그 속에 넣고 책을 읽는 모습을 보여주어 가슴이 철렁 내려앉게 했다. 책 표지에는 한쪽 눈과 얼굴 반쪽을 손으로 가린 남자의 그림이 그려져 있었는데 동병상련이라도 느낀 걸까.

희정이의 목소리도 들은 적 없고 얼굴도 제대로 본 적 없는 친구와 선생님이 대부분이었다. 희정이가 다른 사람의 말을 알아듣고, 스스로 말을 할 수도 있지만 무슨 이유에서인지 절대로 입을 열지 않는다는 것을 아는 것만으로 만족해야 했다.

희정이는 그렇게 모두에게 '특이한 친구'로 인식되었다. 그저 혼자 학교와 집을 오가며 알아서 생활하는 시간을 이어갈 뿐이었다. 희정이의 부모 역시 숨바꼭질이라도 하듯 담임 선생님의 전화와 문자에 한 번도 응답하지 않는 기이하고 답답한 모습을 보였다. 상황이 이렇다 보니 학교는 그저 희정이가 다른 큰 문제 없이 학교를 잘 다니다가 무사히 졸업하기만을 바랄 뿐이었다.

사춘기를 겪으면서 말수가 줄어드는 학생들이 많아지기는 한다. 그러나 창혁이와 희정이처럼 말을 할 수는 있지만 어떤 이유로 마음의 문이 닫혀서 말을 하지 않는, 언어발달에는 아무런 문제가 없는데 어느 순간부터 어떤 장소나 사람들 앞에서 말하지

않는 학생들을 언제부턴가 드물지 않게 한두 명씩 만나게 된다. 선택적 함묵증의 하나일 것으로 추측해보지만 이런 대부분은 부모들이 자녀에게 무관심하거나 방치에 가까운 상황이어서 조처하는 것이 속수무책일 때가 잦다.

겉으로 봐서는 얌전하고 조용하기 때문에 내성적인 정도로 판단하고 대수롭지 않게 여기는 게 가장 큰 문제이다. 정서적인 도움을 주는 것도 필요하다. 민감한 관찰과 적절한 치료로 열다섯 살다운 수다와 재잘거림을 친구들과 마음껏 나누는 창혁이와 희정이의 모습을 보고 싶다.

몸의 흉터로 남은 마음의 상처

나 여기 있어요!

학교에서 학생들과 날마다 만나고 함께 생활하면서도 세상에서 가장 알기 난해하고 이해하기 심란한 인간 유형이 중학생일 것 같다는 생각을 할 때가 종종 있다. 한참을 가만히 들여다보고 관찰한 후에야 비로소 이해의 실마리가 조금씩 보이기 시작하는 학생들을 맞닥뜨릴 때는 더욱 그렇다.

경희가 그랬다. 1학년 때에는 서로 가르치고 배우는 학년이 달라서 인연이 없었고 2학년이 되면서 매주 2시간씩 수업 시간에 만난 학생이다. 한쪽 팔에 하얀 붕대를 아무렇게나 둘둘 말아 감고 있는 모습이 낯설고 인상적이었다. 그것 말고는 겉보기에 전형적인 모범생 같은 단발머리, 거의 표정 없는 차분한 인상과 다소곳한 자태였다.

경희는 쉬는 시간이 되면 날마다 거의 빠짐없이 교무실에 왔다. 그 옆에는 항상 단짝인 윤하가 동행했다. 경희와 윤하는 교무실에 와서 담임 선생님에게 놀아달라며 칭얼대거나 아무 말 없이 그냥 우두커니 서 있다가 교실로 돌아가곤 했다. 담임 선생님도 때로는 미리 준비한 사탕이나 과자를 주며 어르고 때로는 정색하며 경희와 윤하를 감당하고 있었다.

그런 모습이 익숙해져 갈 때쯤의 어느 수업 시간이었다. 경희와 윤히가 항상 교탁 비로 앞지리에 니란히 앉는 탓에 경희의 손가락을 보게 되었다. 손등이 있는 쪽의 손가락 네 개에는 모두 빨갛게 X자 표시가 선명하게 그려져 있었다. 엄지손가락에는 아무런 표시도 없었다. 처음 얼핏 보았을 때는 볼펜으로 손가락에 낙서한 것으로 생각했다. 손이나 신체에 장난삼아 그림이나 낙서를 하는 게 중학생들의 흔한 모습이기도 했기 때문이다.

"경희야, 손가락에 뭘 그린 거예요?"

경희에게 물었는데 대답은 윤하가 했다. 경희는 아무 일도 없었다는 듯 조용히 고개를 숙이고 있었고 윤하가 아주 작은 소리로 겨우 입만 벙긋벙긋하며 들릴 듯 말 듯 한 목소리로 말했다.

"경희가 어제 커터칼로 그은 거예요. 혼 좀 내주세요. 제가 하지 말라고 했는데도 계속 칼 가지고 이렇게 만들어버렸어요. 앤 혼 좀 나야 돼요."

윤하의 말을 듣고 다시 보니 정말로 칼로 그은 자국이 분명했다. 다행히 세게 그은 건 아니었지만 여러 번 그어서 붉은 자국의 상처가 제법 깊어 보였다. 달리 약을 바르지도 않았다는 이야기까지 듣고는 보건실로 보내 상처 치료를 받도록 했다. 경희는 아무 말 없이 시키는 대로 따랐다. 학기 초 첫 수업에서 팔에 붕

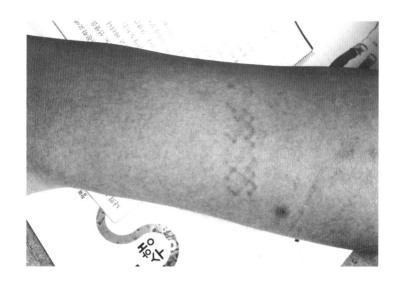

대를 감고 있었던 것도, 경희가 그런 방법으로 자해한 게 오래되었다는 것도 그날에야 비로소 알게 되었다.

팔뚝의 자해 흉터 때문에 경희는 여름에도 반소매 티셔츠인 교복 안에 긴 소매 옷을 하나 더 입거나 여름용 토시를 팔에 감고 다녔다. 모범생처럼 보인 처음과 달리 수업 시간에 교과서를 아주 자잘하게 찢기도 했고, 이른바 '멍 때리고' 앉아서 몸과 영혼이 분리된 듯한 모습을 보이기도 했다.

간혹 웃을 때가 있긴 했지만 입을 크게 벌리거나 잇몸이 드러나도록 소리 내어 웃는 모습은 볼 수 없었다. 그도 저도 아니고 다 싫으면 수업 시간에 엎드려 잠을 잤다. 무력감, 절망감 같은 단어들이 경희를 볼 때마다 자동 장치처럼 떠올랐다. 경희에게서는 한창 까르륵거리며 생기발랄해야 할 열다섯 살의 모습이라고는 도무지 눈 씻고 찾아보려야 볼 수 없었다.

더욱 놀란 것은 이러한 모습을 상담하고 문제를 해결해보려고 경희 엄마와 통화를 한 담임 선생님의 이야기를 듣고 난 다음이었다. 담임 선생님에게 경희의 학교생활 이야기를 들은 경희 엄마의 반응은 너무 차가웠다.

"뭐 그런 일로 전화를 하고 그러세요? 저는 바쁘니까 학교에서 알아서 해주세요. 이런 일로 다시 전화하지 마시고요!"

경희 엄마는 그렇게 일방적으로 전달 사항을 말한 후 전화를 끊었다고 했다. 경희 엄마는 부모로서 자신의 자식에게 전혀 관심을 두지 않고 포기한 채 학교에 모든 책임과 원망을 지우는 전형적인 유형이었다. 더 확인해보지 않아도 경희가 집에서 어떤 대우를 받으며 생활하는지 훤히 보였다.

경희 담임 선생님은 이제 자신이 무엇을 더 해야 하는지, 부모가 저렇게 말하는데 자신이 더 할 수 있는 게 있기는 하겠느냐면서 씁쓸한 안타까움을 토로했다. 부모로부터 방치·방임된 채 그나마 윤하가 늘 곁에 붙어 투정을 다 받아주면서 챙기지 않는다면 경희는 세상 어디에도 기댈만한 곳이 없어 보였다. 무슨 일이 더 벌어질지 가늠하기조차 어려웠다.

극한 상황에 내몰린 열다섯 살 중학생이 다른 길을 찾거나 도움을 받지 못하고 자신의 신체를 상처 냄으로써 세상과 어른들에게 몸과 마음이 아프다는 신호를 보내고 구조 요청을 한다는 사실 또한 우울한 일이긴 마찬가지였다.

다양한 자해 유형

학교에서 수업 중에 학생들의 모습을 관찰하면 조금씩 유형은 다르지만 경희와 비슷한 자해를 하는 학생을 드물지 않게 발견할 수 있다. 나의 경험으로는 자해 행위는 남학생보다는 여학생에게서 좀 더 자주 볼 수 있었다.

제일 흔히 볼 수 있는 게 경희처럼 이른바 '칼빵'이라는 은어로 익숙한 유형이다. 문구용 칼이나 샤프펜슬 같은 것으로 신체에 핏방울이 배어나도록 자잘한 금을 긋거나 X자 표시 혹은 간단한 무늬 같은 것을 새기는 방식이 주를 이룬다. 비교적 상처가 얕아 일정 기간이 지나면 흉터가 남지 않지만 행위를 거듭하거나 덧나서 깊은 흔적을 남기는 예도 있다.

이 밖에 몇 가지 더 예를 들면, 수업 시간 동안 한 손으로 계속 머리카락을 한 가닥씩 만지면서 뽑아 책상 위에 모아놓는 유형이 있다. 마치 신성한 의식을 치르는 것처럼 이물질을 솎아내듯 머리카락을 한 올 한 올 손가락으로 돌돌 말아서는 단번에 쏙 뽑아낸다.

손을 물어뜯어 피를 내는 유형도 있다. 주로 손톱 부근을 피가 나올 때까지 물어뜯는다. 너무 물어뜯어서 손가락이 온전하지 않고 손톱 부근이 찢기고 갈라진 상처로 덮인 경우가 일반적이다. 남학생에게서도 이런 모습을 간혹 볼 수 있다. 라이터나 담뱃불 같은 것으로 몸에 화상을 입히는 일도 있다.

대체로 이런 자해 행위들은 손이나 팔에 하는 경우가 많고 남

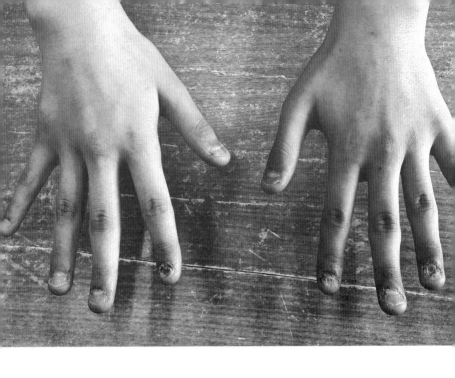

의 눈에 잘 안 띄게 혼자만 알 수 있을 정도의 상처를 남기는 경우가 많다. 그보다 상태나 흉터가 심하면 위험 단계라고 볼 수 있으므로 부모나 학교의 적극적인 도움이 필요하다.

　미국의 한 연구에 따르면 자해 확률이 가장 큰 연령대는 만 12~14세라고 한다. 이를 우리식 나이로 계산하면 중학생 시기에 해당한다. 2015 청소년 통계에 따르면 우리나라 청소년의 사망 원인 1위가 2011년부터 연속으로 '고의적 자해'인 자살로 나타나고 있다. OECD 국가들 가운데 청소년 자살률 1위라는 통계 역시 같은 맥락이다. 그런데도 여전히 우리 사회는 이들에게 별 관심이 없는 듯 보인다.

　자해라는 이름으로 교실에서 자신을 괴롭히는 학생들을 볼 때마다 그들의 내면에 도사린 분노나 두려움 혹은 우울감 등의 정체가 무엇일까를 고민하게 된다. 그럴수록 그들이 아무 일 아닌 듯 툭툭 털고 일어날 수 있도록 하는 데는 가정과 사회 그리고 국가의 노력이 가장 시급하고 절실하다.

3

중학생의 권리를 생각하다

급식이 '밥심'

가출 학생 불러들이는 급식의 위력

지민이가 가출한 지 사흘째다. 초등학교 5학년 때 지민이의 부모는 이혼했다. 그 후 아버지와 둘이 사는데 아버지가 종종 지민이를 때리기도 하고 욕도 한다. 지민이가 안 좋은 친구들과 어울리며 담배를 피우고, 집에도 늦게 들어오고, 아빠 말을 잘 듣지 않는다는 이유에서다.

중학생이 되면서 사춘기 물이 오른 지민이와 아빠의 갈등은 더 커졌다. 지민이는 자신을 챙겨주고 이해해주기보다는 때리고 혼내는 아빠가 더욱 싫었고, 그걸 못 견딜 만큼 힘들어지면 한번씩 집을 나갔다.

그러다 다시 집에 들어가면 아빠의 폭력은 더 커졌고 갈등 역시 더 크게 불어났다. 같은 동네에 사는 고모가 한 번씩 지민이를 챙겨주고 아빠와의 사이에서 중간 역할을 해주기는 했지만 그것만으로는 부족했다.

학교에서도 위 클래스 상담을 통해 지민이를 도와주려 노력했지만 가정과 연계되지 않으니 항상 한계에 부딪혔다.

그런데 지민이는 가출했지만 학교에는 결석하지 않았다. 중학교에 와서 벌써 몇 번의 가출을 했지만 학교를 빼먹은 적은 한번도 없었다. 집을 나오면 학교도 안 나오는 일반적인 가출 유형과는 거리가 있는 모습이었다.

"급식은 먹어야 하잖아요!"

이유는 단 하나, 밥. 그러니까 '급식' 때문이었다. 학교에 나오면 어차피 공부야 관심 밖의 일이니 신경 쓸 게 아니었고, 같이 어울릴 수 있는 친구들이 있었다. 그리고 일용할 양식인 밥을 제대로 챙겨 먹을 수 있었다.

위탁 급식에서 직영 급식으로 바꾸면서 급식 메뉴의 질이 좋아졌다. 이어 유상 급식에서 무상 급식으로 변하면서 급식비를 안 내니 급식비를 빨리 내라는 독촉도 사라졌다. 기꺼이 즐겁게, 친구들과 함께 왁자지껄하면서 먹기만 하면 된다.

가출했으니 제대로 먹지 못하는 건 자명했다. 굶거나 간단한 분식 등으로 때우는 게 다반사였다. 그중 한 끼나마 학교에서 급식으로 온전히 해결할 수 있으니 지민이로서는 가출은 했지만 학교에 나올 이유가 충분했다.

가출을 이유로 학교를 안 나오는 것도 아니니 '무단결석'이라는 죄명으로 징계(대한민국 법률과 학교 규칙은 왜 '결석'을 돌봄이나 치유가 필요한 현상이 아닌 징계의 사유로 정해놓았을까)를 받지 않아도 되었다.

한 끼 밥, 급식의 힘이 바로 거기에 있었다. 무상 급식은 가출한 학생도 학교에 나오게 한다. 이것이 진짜 '밥심'이다.

급식실 가는 마음으로

매월 초 중규의 중요 업무(?) 중 하나는 급식표 가정통신문을 외우는 일이다. 중규는 월초마다 나오는 급식표 가정통신문을 가장 애타게 기다린다. 혹 사정이 생겨 하루 이틀이라도 늦으면 급식표 가정통신문이 왜 늦느냐고 담임 선생님에게 따지듯 묻기도 하고 급식실로 달려가 직접 확인하기도 한다.

중규뿐만이 아니다. 한창 성장기인 중학생들에게 급식은 절체절명의 중요 일과다. 급식을 후다닥 먹어치우고 매점으로 달려가 후식을 사 먹는 것까지 마쳐야 중식 코스가 끝난다. 그러므로 교과서보다 밥이 더 중요하다는 데 이견을 달 중학생은 단언컨대 없다. 나도 그렇다.

그래서 4교시 수업은 항상 위태롭다. 점심시간을 앞두고 있기 때문이다. 학생들은 4교시를 마치는 종소리가 울리는 시각을 '적확하게' 안다. 교실 벽에 걸린 낡은 아날로그 시계를 보고 1초도 안 틀리게 타종 시각을 잡아낸다. 아무리 용한 족집게 무속인도 이럴 수는 없다.

"(학생들 몇 명 속삭이듯 작은 소리로) 5, 4, 3, 2 (큰 소리로) 1!"

"(동시에 수업 끝을 알리는 종소리) 딩동댕~~."

4교시 수업을 마치기 몇 분 전부터 학생들은 미묘하게 술렁이기 시작한다. 의자에 앉아는 있지만 이미 몸의 절반 이상이 출입문 쪽을 향하고 있거나 엉덩이를 들었다 났다 안절부절못한다. 아직 선생님의 설명은 계속인데 그러거나 말거나 교과서를 진즉에 덮어버린 이도 있다. 게다가 학생들이 좋아하는 메뉴가 있는 날은 급식실 앞 줄서기에 밀리지 않으려면 더욱 서둘러야 한다. 밥은 소중하니까!

매월 학교에서 학생들에게 나눠주는 숱한 가정통신문 가운데 학생들이 유일하게 절대로 함부로 버리지 않는 것이 하나 있다. 대부분 가정통신문은 나눠주는 순간 종이비행기가 되거나 쓰레기로 전락하지만 이건 절대 그렇지 않다.

바로 한 달 치 급식 식단을 알려주는 급식표 가정통신문이다. 밥과 반찬 그리고 열량 표시까지 다 적힌 급식표 가정통신문을 학생들은 가장 소중히 간직한다.

이 급식표 가정통신문을 학생들이 보관·관리하는 데는 몇 가지 유형이 있는데 정리해보면 다음과 같다.

- 필통 보관형-급식표 가정통신문을 받으면 고이 접어 필통 속에 넣어두고 날마다 꺼내 본다.

- 벽보 게시형-교실 벽 쪽 자리에 앉는 학생들이 자주 하는 것으로 벽에 급식표를 붙여두고 확인하거나 날짜별로 지우는 유형이다.

- 책상 부착형 – 자신의 책상에 급식표를 붙여두고 날마다 하나씩 뜯어내거나 X 표시를 하며 지우는 방식으로 이용한다.

- 몽땅 암기형 – 급식표 가정통신문을 받으면 곧장 외워버린다. 전체 메뉴를 모두 외우거나 주메뉴만 외우는 형태, 혹은 자신이 좋아하는 메뉴와 그렇지 않은 메뉴로 나누어 외우는 형태로 구분된다.

- 교탁 활용형 – 교탁 바로 앞에 앉는 학생들이 즐기는 유형으로, 자신의 책상과 교탁이 마주하는 위치의 교탁 면에 급식표를 붙이거나 날짜별로 잘라서 붙여두고 활용한다. 등잔 밑이 어두운 관계로 선생님들은 결코 이를 알아차리기가 쉽지 않다.

- 이 밖에 자신이 좋아하는 메뉴가 나오는 날만 골라 책상 위에 날짜별로 식판 그림을 그려놓는 유형 등도 있다.

이처럼 학생들이 급식표 가정통신문을 보관·활용하는 형태는 다양하지만 결국 모두가 '밥'을 향한 격렬하고 뜨거운 마음을 담고 있음을 알 수 있다.

이뿐만 아니라 전국 모든 학교의 급식 메뉴를 알려주는 스마트폰 애플리케이션도 다양하게 나와 있다. 그래서 학생들은 저마다 휴대전화에 하나씩 설치해두고 같은 동네 이웃 학교와 급식

의 질을 비교하는 데 활용하기도 한다.

학교 체육대회에서는 급식실에 달려가는 마음으로 열심히 최선을 다하자는 뜻의 '급식실 가는 마음으로'라는 팻말이 등장해 눈길을 끌며 보는 이들이 웃음을 머금게 하기도 했다. 다 먹고 살자고 하는 일이라는 걸 중학생들도 아는 것이다.

무상 급식은 세종대왕도 했다

우리나라 학교급식은 일제강점기와 한국전쟁 등을 거치면서 제한적으로 이어지다가 1980년대에 접어들면서 〈학교급식법〉(1981년)과 〈학교급식법시행령〉을 제정하면서 본격적인 궤도에 올랐다.

초등학교 급식은 1993년부터 크게 확대, 1998년부터는 전국 모든 초등학교에서 급식을 시행하게 됐고, 1991년 2학기부터는 특수학교의 급식이 무상으로 제공됐다. 2003년에 이르러서야 초중고 학교급식을 전면 시행했으며 2015년 현재 일부 지자체를 제외한 대부분 지자체에서 초중학생 모두에게 무상 급식을 시행하고 있다.

무상 급식에 대한 최초의 기록은 세종실록[14]에 등장하는 것으로 전해진다. 이 기록에 따르면 "의정부에서 예조의 공문을 근거로 말하기를, '사부학당의 학생들에게 한 끼니 식사를 항상 주고, 온종일 토론하며 책을 읽게 하였습니다'"[15]라는 내용을 확인할 수 있다.

조선 초기에 이미 사부학당[16] 학생들에게 한 끼 식사를 매일 주고 공부할 수 있도록 했다는 것이다.

---

14. 117권, 29년 〈1447년〉 9월 8일.
15. 議政府據禮曹呈啓, '四部學堂生徒, 常給一時之食, 使之終日講讀'.
16. 서울의 중앙(中學), 동쪽(東學), 서쪽(西學), 남쪽(南學)에 설치한 성균관의 부속학교.

하물며 21세기인 지금 학교에서 학생들이 밥을 먹을 수 있도록 하는 건 마땅히 그래야 하는 일이다. 가출하고도 학교에는 꼬박꼬박 나오는 지민이도, 교과서는 보는 둥 마는 둥 하지만 한 달 치 급식표를 줄줄 외우는 중규도 모두 학교급식 시간이 있어 따분하고 재미없는 학교생활이 그나마 즐겁다고 말한다. 지옥 같은 학교를 견디게 하는 큰 힘 가운데 하나가 급식이다.

　이들에게서 친구들과 함께 학교에서 밥 한 끼 먹는 즐거움마저 빼앗는 세상은 오지 않았으면 한다. 밥으로 최소한의 행복을 누릴 권리는 지민이도 중규도 또 다른 중학생 모두에게도 있기 때문이다.

지각 좀 합시다

지각하는 이유도 가지가지

지각 이야기를 하려면 가장 먼저 떠오르는 멋진 지각생이 있다. 바로 영진이다. 함박눈이 밤새 내린 12월의 아침, 등교 시간인 9시가 지났는데도 영진이가 아직 교실에 앉아 있지 않았다.

앞뒤를 바꾸면 서로 이름이 같아지는 단짝인 진영이도 마찬가지였다. 1교시 수업을 시작하려면 아직 시간이 남았기에 조금 더 기다려보자고 생각하는 순간, 문자메시지 한 통이 부르르 진동음을 울렸다. 영진이었다.

'쌤진영이랑저랑눈싸움좀하다갈기요🖤'

띄어쓰기도 없이 보낸 문자메시지는 그렇게 당당하게 눈싸움 한 판 소식을 전하고 있었다. 문장 끝에는 눈동자처럼 까만 하트까지 콕 찍어서 보냈다. 읽으면서 웃음이 터졌다. 두 녀석이 학교

20██████03(수)

> **쌤진영이랑저랑
> 눈싸움좀하다갈기요🖤**
> 오전 9:11

근처 어딘가에서 신나게 눈싸움을 하고 있을 장면도 생생하게 떠올랐다.

밤새 내려 쌓인 눈을 보며 등교하는 아침, 그 눈들을 그냥 보고만 지나칠 수 없었던 남자 중학생 두 명이 지각할 수밖에 없는 간절한 바람과 애원 같은 것이 그 문자에 솔직하고 재치 있게 녹아 있었다. 그걸 어찌 나무라고 꾸중할 수 있으랴. 두 친구는 다행히 1교시 시작 전에 교실로 들어왔다. 손과 볼은 빨갛게 상기되었고, 얼굴에는 세상 부러울 것 없다는 듯 환하고 큰 웃음이 번지고 있었다.

지각은 또 있다. 새 학기를 시작한 지 얼마 지나지 않은 3월의 일이다. 아직 학기 초여서 수업을 맡은 아홉 개나 되는 학급 학생들의 이름과 얼굴을 모두 익히지 못한 터였다. 수업 시작종과 함께 교실에 들어가서 출석부를 보며 일일이 학생들의 이름과 얼굴을 확인한 직후였다.

한 남학생이 교실 뒷문을 열고 들어왔다. 화장실에 들렀다 오느라 늦었으려니 생각하고는 별생각 없이 물었다. 학생들이 수업

보다 급식에 마음이 한껏 기울어져 있던 4교시였다.

"어디 다녀오는 거예요?"

"교무실에서 벌서다 오는 건데요."

화장실을 다녀온 게 아니라 벌쓰다가 수업에 늦었다는 말이었다. 듣고 보니 좀 딱했다. 마음도 언짢아졌다. 사연은 이랬다.

형민이는 오늘 5분 정도 지각했다. 담임 선생님은 지각에 대한 벌이라며 그 순간부터 3교시가 끝나는 때까지 교무실 앞에 서 있으라는 벌을 내렸다고 했다. 그걸 다하고 오는 길이라는 것이었다. 겨우 5분 늦었다는 이유로 무려 3시간여를 수업 시간에서 배제하는 벌을 내리다니. 학생들에게 덮어놓고 엄하기로 악명 높은 담임이었는데 너무 가혹하다는 생각이 들었다. 그래서 형민이에게 물었다.

"지금까지 벌서고 있으면서 억울하다는 생각이 들지 않았어요?"

"당연히 들죠! 그렇지만 그런 얘기 하면 더 혼나잖아요."

형민이가 지각한 이유는 버스를 잘못 탔기 때문이었다. 이틀 전에 이사했는데 새로 바뀐 버스 노선과 시간을 헷갈려서 그만 타야 할 버스를 놓쳤다고 했다.

수업에도 들어가지 못하고 3시간이 넘도록 벌쓰는 건 정말이지 억울하고 서러운 상황이었다. 담임 선생님에게 그런 사정을 설명하려 했지만 "변명하지 말라"는 소리만 더 들었다고 했다. 형민이에게 담임을 대신해 미안하다는 위로의 말을 건넸다.

지각은 형민이만 하는 건 아니다. 성수가 지각한 이유는 "아침밥이 너무 뜨거웠기 때문"이라고 했다. 늘 아침밥을 챙겨 먹고 학교에 오는데 엄마가 뜨거운 밥을 줘서 그걸 식혀가며 먹고 오느라 늦었다는 것이다.

평소에 워낙 뜨거운 음식은 잘 못 먹는다고 했다. 지각하지 않으려면 성수는 아침엔 찬밥을 먹어야 할 처지가 됐다. 그 후로도 성수는 종종 지각했다. 그런 날은 뜨거운 밥은 왜 그리도 잘 식지 않는지 모르겠다는 투덜거림이 항상 동행했다.

현호가 지각한 까닭은 그다지 향기롭지는 않았으나 아주 중요한 일 때문이었다. 현호는 아침에 일어나서 '모닝 똥'을 누는 게 제일 먼저 하는 일이라고 했다. 화장실에서 모든 것을 비워내고 아침밥을 먹은 후 씻고 학교에 가는 버스를 타는 게 일과의 출발이다.

"모닝 똥을 싸는데 안 끊어지고 계속 나왔어요."

등교 시간보다 10여 분 늦어 교실에 헐레벌떡 도착한 현호가 눈을 똥그랗게 뜨고 꺼낸 첫마디가 그랬다. 똑, 끊어져야 할 똥이 안 끊어지고 이어달리기하듯 연결되는 바람에 늦었다고. 어이쿠!

교실은 순식간에 현호를 향한 학생들의 힐난으로 가득 찼다. 잘 먹고 잘 싸는 게 건강의 기본 중 기본이니 그걸 뭐라고 할 수는 없지 않은가. 끊어져야 할 때를 모르고 눈치 없이 미련에 몸부림친 똥 덩어리를 원망할밖에.

화장 때문에 지각한 혜련이도 있다. 교실에 와 있어야 할 시간인데 혜련이가 보이지 않았다. 잠시 후 혜련이가 하얀 마스크를 쓰고 얼굴의 3분의 2쯤 가린 채 등장했다. 메르스 후유증이 채

가시지 않은 때여서 감기나 전염이 우려되는 질병에라도 걸린 줄로 알고 어디가 아프냐고 물었다.

"늦잠 자는 바람에 시간이 없어서 화장을 제대로 못 했어요."

그러니까 평소보다 늦게 일어났는데 등교 준비를 하다 보니 이미 시간이 늦었단다. 화장을 예쁘게 마무리하고 학교에 오면 1교시 수업이 한창 진행 중인 때가 될 것 같았다. 그런데 1교시가 악명 높은 수학 선생님 시간이라 더 이상 시간을 끌 수가 없었다. 하는 수 없이 동네 마트에서 마스크를 사서 화장하다 만 얼굴을 가리고 학교에 오느라 늦었다는 것이다.

예뻐지는 것도 지각 앞에서는 때로 마스크 한 장으로 가릴 수밖에 없는 현실이 되기도 한다는 걸 혜련이는 깨달았다. 그날 혜련이의 하얀 마스크는 점심시간이 지나서야 사라졌다.

귀엽거나 기가 차거나, '자발적 지각'도

이 밖에도 열다섯 살의 지각 이유는 많고 많다. 앞에서 확인한 것처럼 깜찍하고 귀여우며 애교 섞인 사연들이 있는가 하면, 퉁명스럽고 어이없으며 기가 차서 입이 딱 벌어지고 심장이 멎을 것 같아 헛웃음이 터지는 것도 많다.

어젯밤 교복을 빨았는데 아침에 일어나 보니 아직 덜 말라서 헤어드라이어로 말려서 입고 오느라 늦었다거나, 평소 시간 맞춰 잘 오던 버스가 오늘은 제시간에 안 왔다거나(이건 같은 버스를 타는 친구들이 이미 교실에 앉아 있기 때문에 금세 거짓말로 들통이 나기도 한다), 엄마나 아빠가 출근하면서 승용차로 학교 앞까지 데려다주었는데 오늘은 그냥 버스를 타고 가라고 해서 늦었다는 등등의 사연은 차고 넘친다.

드물게는 학교에 오기가 싫어서 1교시부터 4교시까지 오전 수업을 다 마치도록 학교에 안 오고 집이나 학교 근처 PC방에 있다가 점심 급식 시간에 맞추어서 태연하게 급식실에 모습을 드러내는 '자발적 지각'도 있다.

우민이도 경우는 조금 다르지만 학교에 오려면 반나절을 넘겨야 했다. 매일 오전 11시에 일어나서 주섬주섬 챙겨 학교에 오는 우민이. 학교에 도착하면 점심시간마저 훌쩍 지나버려서 급식도 못 먹는 일이 다반사인 생활을 두 달째 이어가는 학생이다. 아침에 출근하며 깨워주고 가는 부모도 이젠 포기 상태다. 친구들이 붙여준 우민이의 별명은 '지각귀신'이다.

대부분의 학교가 1교시 수업 시작보다 한참이나 이른 시간에 등교할 것을 규정하고 있다. 9시 등교를 전격 시행한 경기도도 9시 등교와 동시에 1교시 수업을 시작하는 학교는 많지 않다. 대체로 9시 이후 일정한 공백의 시간이 지난 후 1교시 수업을 시작한다. 바로 그 공백의 시간이 지각을 확인하는 때다.

'지각'이란 '학교장이 정한 등교 시각까지 출석하지 않은 경우'를 말한다. 등교와 1교시 수업 사이의 거리가 멀수록 학생들의 아침은 불행해진다. 지각이라는 이름으로 담임 선생님과 갈등을 빚거나 벌쓰는 일도 많아진다.

심지어 지각에 대한 벌이라는 명분으로 학생들에게 벌금을 내도록 학급 규칙을 만들어 학생들에게 현금을 징수하는 아연실색할 담임 선생님까지 있다.

지각은 학교생활기록부에도 그대로 기록한다. 이는 당연히 내신 성적에 감점 요인으로 영향을 미친다. 지각이나 결석이 잦으면 징계를 할 수 있도록 학칙에 명시한 학교도 많다. 우리나라 거의 모든 중고등학교가 비슷한 사정이다. 거기에 담임이 '생활지도'라는 이름으로 내리는 벌이나 욕설, 모욕적인 꾸중 등은 덤 같은 필수항목이다.

1교시 수업을 시작하려면 아직 한참이나 남았는데도 그보다 일찍 등교할 것을 요구하고, 그 시간을 어기면 지각이라는 죄를 씌워 벌주고 징계하는 곳이 대한민국 학교다. 매정하고 사납다. 지각 좀 한다고 어떻게 되는 거 아니다. 아침밥도 먹고 모닝 똥도 개운하게 끊고 와야 할 것 아닌가. 그래야 수업에도 집중할 수 있고, 시험도 잘 볼 수 있다.

반항 아니고 저항

믿음이의 수업 거부

실제로는 맹목적인 복종이 아이에게 더 해롭다. 오히려 항상 고분고분하게 말을 잘 듣는 아이를 더 많이 걱정해야 한다. 어른들이 만든 규칙에 무조건 따르도록 하는 것은 의존심만 길러주는 결과를 낳고, 창조적인 충동을 억눌러 파괴할 수 있다. … 그렇기에 교사가 해야 할 일은 학생이 교사의 말을 잘 듣게 만드는 것이 아니라, 자연스러운 상태로 되돌리는 일이다.[17]

"내가 하기 싫다는데 동의서 왜 써요? 왜 자꾸 강제로 쓰라고 해요?"

이번에는 믿음이가 큰 소리로 울부짖었다. 담임 선생님과 방과 후 수업(정규 수업을 마친 후 학습력 신장, 특기 계발 등을 위해 다

---

17. 호머 레인, 김영란 옮김, 《아이들은 어떻게 성장하는가》(2011) 중에서.

양한 프로그램을 배우는 비정규 수업 시간)인 국영수 종합반 수업 참여를 두고 상담하던 중이었다.

담임 선생님은 계속 믿음이에게 성적이 떨어졌다며 방과 후 수업을 받으라고 했고 믿음이는 정규 수업 말고는 학교에서 따로 수업을 더 받고 싶지 않다고 이야기했다. 처음에 둘이 이야기를 시작했을 때는 분위기가 험악하지 않았다. 그러나 담임 선생님의 방과 후 수업 강요가 계속되고 믿음이의 거절이 이어지면서 분위기가 달라지기 시작했다.

"네 성적 생각해서 방과 후 수업받으라는 건데 왜 안 하겠다는 거야? 잔소리 말고 여기 동의서에 네 이름이랑 아버지 이름 쓰고 사인까지 해! 안 그럼 집에 안 보내줄 거야!"

"그래도 방과 후 수업은 안 할래요. 그냥 집에 보내주세요."

"너 이 자식 계속 선생님 말씀 안 들을 거야?"

"방과 후 수업 동의서 강제로 쓰라고 하는 거 불법이잖아요!"

믿음이가 '불법'이라고 말하면서 교무실 분위기는 험악해지기 시작했다. 담임 선생님도 격앙된 목소리로 흥분 상태임을 드러내고 말았다.

"내가 너한테 동의서 쓰라고 하는 게 법적으로 문제 있다 이거지? 그럼 나도 앞으로 너한테 법적으로 한다!"

"네, 그러니까 오늘은 집에 보내주세요!"

"그럼 지금 네 아버지랑 통화해보고 아버지도 너랑 같은 생각이면 집에 보내줄게."

대화 내용으로 보아 이미 진 것 같은데 담임 선생님은 무슨 생각에선지 곧장 믿음이 아버지와 전화 통화를 했다. 믿음이가 방과 후 수업을 왜 들어야 하는지, 그게 어떤 도움이 되는지, 지금 믿음이가 그것을 안 하겠다고 교무실에서 소리를 지르고 있다고 설명을 이어나갔다. 담임 선생님의 이야기를 들은 믿음이 아버지는 다른 말은 하지 않고 믿음이를 바꿔 달라고 했다.

"아빠, 내가 하기 싫다는데 선생님이 자꾸 강제로 하래. 동의서 안 내면 오늘 집에 안 보내준대."

그렇게 말하면서 믿음이는 참았던 눈물을 쏟아내기 시작했다. 믿음이 아버지는 믿음이를 달랬다. 선생님이 너를 생각해서 방과 후 수업을 받으라고 하는 것이니까 해보면 어떻겠냐고. 이번에는 믿음이가 전화기에 대고 울음 섞인 목소리로 소리를 질렀다.

"내가 하기 싫은데, 내가 하기 싫다는데 왜 해야 돼요. 그리고 동의서 강요하는 거 불법이란 말이야. 학교가 이러는 게 어디 있어?"

어디서 들었는지 동의서를 강요하는 게 불법이라는 소리까지 읊어대며 아버지에게 존댓말과 반말을 섞어 눈물 어린 절규를 했다. 그런 아들의 모습에 아버지도 마음이 흔들렸을까. 담임 선생님을 다시 바꿔달라고 한 믿음이 아버지는 아들의 뜻대로 하겠다고, 이제 그만 집으로 보내달라고 담임 선생님에게 말했다. 담임 선생님도 이제는 어쩔 도리가 없게 되었다. 알겠다는 말을 끝으로 전화를 끊은 후 믿음이에게 말했다.

"쌔꺄, 진작부터 안 한다고 이야기했으면 이런 일 없잖아! 가방 챙겨서 집에 가!"

한 시간이 넘도록 믿음이는 온몸을 쥐어짜서 담임 선생님과 아버지에게 이야기하는 것처럼 보였다. 자신을 지키기 위해서 이토록 온 힘을 다해 혼자 투사가 되어 싸우는 중2 남학생의 모습은 지금껏 본 적이 없다. 그 모습이 너무 애처롭고 마음이 아팠다. 눈물과 눈물 자국으로 범벅된 얼굴로 교무실을 나서는 믿음이의 뒷모습이 춥고 쓸쓸해 보였다. 만약 믿음이 아버지가 믿음이의 이야기에 귀를 기울이지 않고 담임 선생님 편에 섰더라면 어떤 일이 생겼을까. 그날 퇴근길에 믿음이에게 문자 한 통을 보냈다. 누군가의 위로와 공감이 필요하겠다고 생각했기 때문이다.

'오늘 너무 아프고 힘들었겠구나. 도와주지 못해서 미안해요. 마음 잘 챙겨서 내일 웃으면서 수업 시간에 만났으면 좋겠어요.'

문자를 보낸 지 얼마 지나지 않아 '선생님 감사해요^^'라는 답장이 날아들었다. 눈웃음 짓는 이모티콘을 붙여 보낸 걸 보니 더 걱정하지 않아도 될 것 같아 안도감이 드는 순간이었다.

투블럭 컷과 삭발

환서는 믿음이와 조금 다른 경우였다. 평소 장난이 심하고 아직 변성기 이전의 높은 톤의 목소리로 재잘거리기를 잘하는 환서는 어느 날 종례 시간에 담임 선생님에게 머리가 지저분하니 깎으라는 꾸중을 들었다. 학생인권조례에서는 머리 길이를 제한

하거나 규정해서는 안 된다고 했지만 담임 선생님에게는 통하지 않았다.

그날로 환서는 미용실에 가서 머리를 잘랐다. 문제는 머리 모양이었다. 두상을 세로로 나누어 반은 삭발하고 반은 남겨놓은 것이다. 환서는 그 모양을 일러 '투블럭 컷'이라고 불렀다. 두 개의 층으로 길이를 다르게 하여 멋을 내는 머리 모양의 하나인 투블럭 컷이 환서에게 가서 고생하는 형국이었다.

아니나 다를까 다음 날 그런 모양으로 학교에 온 환서를 본 담임 선생님은 분노가 이만저만한 게 아니었다.

"어디 가서 머리를 깎다가 말고 거지꼴을 하고 왔어? 살다 살다 너 같은 머리 모양은 처음 본다. 반항하는 거야?"

담임 선생님은 그렇게 분노를 토하며 당장 머리 모양을 다시 다듬고 오라고 했다. 환서의 머리 모양을 본 친구들은 하나같이 배를 잡고 웃었다. 멋지다면서 엄지손가락을 내미는 친구들도 있기는 했다. 다른 반에서 소식을 듣고 달려와 함께 인증 샷을 찍자면서 휴대전화를 들이미는 친구도 여럿 있었다. 담임 선생님한테 거듭 욕을 먹기는 했지만 왠지 모르게 환서는 신나고 즐거웠다. 수업에 들어오는 선생님마다 한마디씩 꾸중을 하거나 놀리는 일도 빠지지 않았다. 이날 하루는 그런 분위기를 즐기면서 보냈다. 머리 모양조차 마음대로 하지 못하는 현실에 대한 소극적인 저항이었지만 환서는 이를 즐겼다.

다음 날 환서는 머리털이 하나도 없는 '빡빡이'가 되어서 나타났다. 또 한 번 선생님들과 친구들 사이에서 스타(?)가 된 것은 두말할 나위도 없다. 순하고 맑은 표정으로 하이톤의 목소리를 내지르며 친구들과 어울리는 그의 모습에서 어제의 모습 못지않은 즐거움이 묻어났다. 열다섯 살의 때로는 철없고 때로는 너무나도 어른스러운 크고 작은 저항의 몸짓들은 참으로 웃프다('웃기지만 슬프다'라는 뜻의 인터넷 새 말). 그러나 순수하게 저항하는 그들이 있어 학교가 그나마 숨통을 열고 호흡할 수 있는 것일지도 모르겠다.

금연 교육, 더불어 사는 지혜로

할아버지 담배 셔틀 사건

담배에 대한 욕망은 심리적인 원인으로 생겨나며, 그 이유 때문에 피우게 된다. 아이의 일차적인 갈망은 담배가 아니라 '자유'에 있다. … 아이에게 담배는 자유의 상징이다. 흡연은 어른들이 금지시키고 있는 것이기에 더욱 더 그렇다. … 만일 교사가 벌이 어떤 영향을 주는지 모르고 여전히 체벌을 가하고 있다면 그 아이는 아마도 조직화된 권위에 맞서 계속 투쟁할 것이다. 그러한 권위는 아이를 교도소에 보내기도 하고, 결국 아이를 무력한 인간으로 만들기도 한다.[18]

5월의 어느 햇살 고운 점심시간, 남녀 한 무리 일곱 명의 학생이 교무실에 불려왔다. 학교 앞 공원에서 지나가던 사람이 이들

---

18. 호머 레인, 김영란 옮김, 《아이들은 어떻게 성장하는가》(2011) 중에서.

을 학교에 신고했기 때문이다. 행인은 공원을 지나가다가 중학생들이 할아버지에게 담배 심부름 시키는 것을 봤다면서 학교에 항의 겸 신고 전화를 한 것이다.

녀석들은 즉각 출동한 담임 선생님에게 현행범으로 잡혀 교무실로 끌려왔다. 전대미문의 '할아버지 담배 셔틀 사건'은 이렇게 실체를 드러내게 되었다.

조사 결과 드러난 사건의 경위는 이러했다. 녀석들은 점심시간을 이용해 무단으로 학교 밖으로 탈출을 감행했다. 그러고는 학교 앞 공원에 모여서 이른바 '식후땡('밥 먹고 난 후 피우는 담배'를 의미하는 은어)'으로 담배를 피워 물었다.

평소 사람들이 붐비는 곳이었지만 점심시간이라 공원은 한가한 편이었다. 이들이 뭉게뭉게 연기를 뿜어내며 식후땡의 즐거움과 여유로움을 만끽할 즈음, 한 할아버지가 다가왔다.

"내가 너희에게 담배를 사다 줄 테니 대신 나한테 1000원만 다오."

담배를 피운다고 자신들을 꾸중할 것으로 생각한 할아버지가 뜻밖의 제안을 했다. 중학생이라 담배를 사기 어려운 자신들을 대신해 담배를 사다 주는 대가로 수고비를 달라는 것. 녀석들은 굳이 마다할 이유가 없었다. 이토록 친절하고 고마운 할아버지가 세상에 또 어디 있단 말인가.

"이 돈으로 담배 세 갑만 사다 주세요."

녀석들은 주저할 것 없이 당장 돈을 모아 할아버지에게 건넸다. 혹시나 하는 마음에 담배를 파는 공원 앞 편의점까지 두 명

이 따라붙었다. 약속대로 할아버지는 담배를 사주었다. 녀석들도 수고비 약속을 지켰다.

세대를 초월한 신성하고 거룩한 거래가 그렇게 끝나나 싶었다. 그런데 바로 그 장면을 행인이 보고 학교에 신고해버렸다. 사정을 모르는 행인으로서는 새파란 중학생들이 연세 드신 할아버지를 위협해 담배 심부름을 시켰다고 생각한 것이다.

녀석들의 담배 심부름을 자청한 할아버지는 이 일이 있기 전에도 가끔 나타나 같은 제안을 하곤 했다고 한다. 그가 근처 전철역이나 공원에서 노숙하는 모습을 본 학생도 있었다. 이미 학생들 사이에서는 '담배 셔틀 맨'이라는 별명으로 제법 유명한 할아버지였다. 노숙 등 생활에 필요한 비용을 그는 그렇게 마련하는 모양이다. 녀석들은 그런 할아버지를 통해 자신들의 욕망을 채운 것이고. 이 부적절한 공생관계 앞에서 녀석들만 나무라기에는 너무 씁쓸하고 헛헛했다.

할아버지 담배 셔틀 사건의 주인공들은 결국 '사회봉사' 징계를 받았다. 5일간 사회봉사를 다녀온 이후 이들이 크게 느끼고 반성하여 담배를 끊었거나 줄였다고 믿는 독자는 아무도 없으리라. 점심 식후땡의 즐거움은 잠시 사라졌지만 소리에 놀라지 않는 사자처럼, 그물에 걸리지 않는 바람처럼 이들의 담배 연기는 오늘도 여기저기에서 암호문처럼 피어오르고 있다.

담배와 밀당 중

"저, 담배 끊은 지 2주일 됐어요. 170cm 되면 그때 다시 피울 거예요. '야동'도 (키 크는 데) 안 좋대서 줄이려고요."

중2인 현동이는 담배를 피우지 않는다. 아니 정확히 말하면 드문드문 불규칙적으로 피워 물던 담배를 안 피우기로 했다. 중2가 되면서 시작한 흡연은 많아야 하루 10개비를 넘지 않았는데 그걸 아예 중단한 것이다. 알고 보니 현동이가 이처럼 큰 결심을 하게 된 데에는 까닭이 있었다. 바로 '키' 때문이었다.

사방팔방 어디를 돌아봐도 길고 늘씬한 몸매를 지닌 친구들이 수두룩한 세상인데 현동이는 그에 비하면 좀 많이 작다. 키가 작달막하고 얼굴도 하얘서 앳돼 보이기까지 한다. 버스를 탈 때 초등학생으로 오해받는 일도 종종 생긴다. 현동이는 그런 현실이 몹시 짜증이 났다.

그러다 어디서 들었는지 담배를 피우면 키가 안 큰다는 청천벽력 같은 소리를 듣고 난 후부터 현동이는 담배를 끊기로 했다. 덩달아 가끔 휴대전화로 감상하던 야동도 자제하기로 했다. 그것 역시 키가 크는 데 방해가 된다는 정보를 들었기 때문이다.

오로지 키만 클 수 있다면, 크기만 하면 무엇이든 하겠다고 생각했다. 아직 중학생이니까 고등학생이 될 때까지 그리고 고등학생이 되어서도 꾸준히 커주기만 한다면 담배는 그다음에 피워도 된다고 생각했다. 영원히 담배를 끊을 생각은 없었다. 적어도 굽 높은 신발이나 깔창의 도움을 받지 않고 170cm가 될 때까지는 절대로 담배를 피우지 않겠다고 다짐했다.

천진난만한 표정으로 하얀 웃음을 지으며 살짝 다가와 귓속 말을 들려주고 가는 녀석의 얼굴에는 결연한 의지와 함께 자신의 각오에 지지를 보내달라는 메시지가 어른거렸다. 현동이가 170cm가 되려면 아직 15cm 이상 더 커야 하는데….

170cm가 될 때까지 담배를 끊고 야동마저 줄이겠다던 현동이의 계획은 안타깝게도 불과 한 달을 못 넘기고 담뱃재처럼 꺼져버렸다. 발버둥 쳐봐야 제 키가 더 안 클 거라는 신의 목소리라도 들었는지, 엄마와 아빠의 키를 아무리 더하고 곱해봐도 170cm는 어림없다고 생각했는지 몰라도 다시 담배를 시작하고만 것이다.

담배의 치명적 매력에 푹 빠진 현동이는 지금도 금연과 흡연 사이를 오가며 담배와 한바탕 '사랑과 전쟁'을 치르는 중이다.

징계 만능의 금연 교육뿐인 학교

한국건강증진개발원이 2016년 8월 발간한 〈금연이슈리포트〉에서는 우리나라 청소년(중고생)의 첫 흡연 나이[19]가 2005년 12세(남 11.8세, 여 12.1세)에서 2011년 12.8세였다가 2014년과

---

19. 흡연 경험이 있는 중-고등학생 중에서 처음으로 담배를 한두 모금 피워본 나이의 평균.

2015년 모두 12.7세(남 12.7세, 여 12.8세)로 낮아진 것으로 나타났으나 증가 추이를 보인다고 진단했다. 또한 매일 흡연 시작[20]은 2005년 14.1세(남 14.1세, 여 14.1세)에서 2015년 13.6세(남 13.7세, 여 13.5세)로 낮아지고 있다고 밝혔다.

중학생들의 흡연이 어제오늘의 일만은 아니다. 예전에도 그랬다. 최근에는 여중생 흡연이 큰 비중으로 늘어났다고 한다. 실제 학교에서 보면 담배를 피우는 여학생이 많아졌다.

손에 담배 냄새를 배지 않게 하려고 나무젓가락으로 담배를 집어서 피우던 것도 아주 옛날얘기다. 일부 여학생은 화장과 향수로 담배 냄새를 위장하려 애쓰지만 사냥개보다 후각이 예민한 교사들에게 들통나기 일쑤다.

진작부터 흡연이 중학생만의 일은 아니었다. 18세기 조선 사대부였던 '이옥'은 담배 백과사전이라고 불러도 좋을 《연경(烟經)》이라는 책을 남겼다.

이 기록을 살펴보면 옛날 옛적 호랑이 담배 피우던 시절이 있었던 것은 말할 것도 없고, 정조 대왕과 다산 정약용은 담배를 정말 사랑한 애연가이자 골초였다고 한다.

남녀노소 안 가리고 골고루 담뱃대에 부싯돌을 그어대던 시절도 있었다. 담배를 태우기 적절한 때와 흡연을 금하는 때를 구분하여 일목요연하게 일러주기도 하는데 이는 오늘날 금지 만능의

---

20. 최근 30일 동안 매일(최소 하루 한 개비) 흡연한 중·고등학생 중에서 담배를 매일 피우기 시작한 나이의 평균.

금연 교육에서는 결코 찾아볼 수 없는 탁월한 가르침이다.

1653년 조선에 표류한 하멜은 《하멜표류기》에 "이 나라에서는 담배를 자주 피우는데 여자들은 물론 네댓 살 아이도 담배를 피운다. 담배를 피우지 않는 사람은 거의 없다."라고 조선의 풍속을 기록했다. 이런 기록들을 보면 조선은 '담배의 나라'라고 해도 지나치지 않을 정도다.

2015년에 국민 건강을 염려(?)해서 정부가 담뱃값을 훌쩍 올렸지만 그러거나 말거나 금연 결심은 작심삼일로 마무리 짓고 비싼 담배를 다시 피워 물어 나라 살림에 보태는 어른들이 얼마나 많은가. 학교 안에서 금연할 것을 법률로 정하고 있지만 아랑곳하지 않고 태연하게 담배를 피워 무는 교사들은 또 어떻고.

몸에 안 좋다는 이유를 대면서도 어른들은 버젓이 담배를 빼물면서 청소년들에게는 흡연이 불가하다는 주장은 열다섯 살조차도 말 같지 않은 소리라는 걸 이미 다 알고 있다. 싱그러운 열다섯 살 몸에 안 좋은 것이라면 더 나이 많고 쇠약한 어른들 몸에도 약이 될 리 없다는 것을.

그러나 학교는 여전히 담배를 피우는 학생에게만 경고와 징계를 앞세우고 학교 밖으로 퇴학시키기를 즐긴다. 금연침 시술이나 금연 서약서 혹은 금연 선언 등의 몇몇 형식적 프로그램 말고는 아무것도 없다. 무조건 학교에서 담배는 피우면 안 된다. 만약 피우다 걸리면 징계 아니면 퇴학, 이게 철통 같은 학교의 법이다.

2015년 3월 대전의 한 여고에서 흡연으로 꾸중 들은 학생 두 명이 부모를 불러오라는 학교 측의 위협이 두려워 자살한 사건이 있었다. 이 역시 징계 만능의 학교 금연 교육이 빚은 참사다. 그런데도 학교는 하나도 달라지지 않았다.

흡연을 이유로 수십 명의 학생을 퇴학시킨 학교도 있다. 담배를 피운다는 이유로 문제아로 낙인찍고, 이들을 솎아내야 한다는 것을 내세워 쉽고 편하게 징계하는 것이다.

교육부 자료에 따르면 흡연을 이유로 징계받은 학생이 2015년 기준으로 초등학생 26명, 중학생 12,022명, 고등학생 33,122명이다. 이들 중 고등학생 135명은 퇴학을 당했다. 초중학교가 퇴학이 불가능한 의무교육 과정이 아니었더라면 초중고 45,170명의 학생들 모두가 퇴학을 당하는 운명이 되었을 수도 있다.

학교들의 이러한 비겁한 행동은 학생들의 건강을 생각하거나 교육적인 방안을 모색하는 데 관심이 없기 때문이다. 그보다는 외부에서 바라보는 학교의 이미지, 주변의 평판 같은 이른바 '학교 질 관리'에 학교들이 관심과 신경을 훨씬 많이 쏟는 데 그 원인이 있다.

학교도 알고 있다. 징계를 앞세운 금연 위협이나 양심의 자유까지 침해하며 강요하는 금연 서약서로는 학생들이 절대로 담배를 끊을 수 없다는 것을. 그러나 학교는 그것 말고는 아무것도 할 줄을 모른다. 그렇다고 그냥 둘 수도 없다.

학교 밖에서야 어쩔 수 없더라도 제발 학교에서만이라도 학생들이 담배를 피워 물지 않기를 바랄 뿐. 내용 없고 하는 것 없는 정부와 학교의 금연 교육 실체가 바로 이것이다.

학생들이 온갖 위협과 징계에도 불구하고 담배를 피운다면,

무조건 징계와 퇴학으로 다스리는 일은 학교에서 사라졌으면 좋겠다. 만 열아홉 살만 넘으면 아무 문제가 안 되는 일이 아직 그 나이에 이르지 않았다는 이유만으로 낙인과 징계의 구실이 되어 학교에서 쫓겨나는 데까지 이르는 건 너무 모순되고 아픈 현실이다.

그보다는 학생들이 자신의 몸을 소중히 여기며 금연할 수 있도록 계기를 만들어주고 기다리는 교육을 하면 안 되는 것일까. 이미 18세기 300여 년 전에 조선의 선비 '이옥'이 그런 것처럼 최소한의 흡연 예절이라도 올바르게 가르쳐서 담배를 피우더라도 매운 연기와 시커먼 재, 뜨거운 불똥으로 남에게 피해를 주지 않도록 하는 건 어떨까.

흡연권도 제 권리라며 남들이야 불편해하든 말든 저 혼자 매운 연기를 뿜으며 거리를 활보하는 무뢰한을 만들기보다는 남에게 피해를 주지 않으면서 제 삶을 누리도록 하는 게 더불어 살아가는 지혜를 가르치는 일일 테니 말이다.

'강제 전학'이라는 괴물

부모 마음과는 다른 학교 마음

잘못된 행동과 나쁜 행실을 반복하는 아이에게 필요한 것은 다름 아닌 인내심과 친밀한 이해입니다. 비행 청소년에게는 사랑을 쏟아야 합니다. 그들의 분노와 반항은 정당한 것일 때가 많습니다. 안일한 도덕에 동조하느니 외롭고 불쌍한 비행 청소년 편에 서는 것이 낫습니다. 지금 이 아이들에게 아낌없이 미소를 선물하지 않는다면 나중에는 이미 늦습니다.[21]

'열 손가락 깨물어서 안 아픈 손가락 없다'는 말이 있다. 못난 자식은 못난 대로 잘난 자식은 잘난 대로 부모에겐 모두 다 귀한 존재로 차별 없는 자식 사랑의 마음을 뜻하는 속담이다. 2016년 미국 캘리포니아 대학 연구팀은 아버지 중 70%, 어머니 중 74%

---

21. 야누슈 코르착, 노영희 옮김, 《야누슈 코르착의 아이들》(2002) 중에서.

가 가장 총애하는 자식이 따로 있다는 연구 결과를 내놨다. 형제자매가 있는 384가구를 심층 인터뷰해 얻어낸 것이다. 그렇다 해도 자식을 사랑하는 부모의 마음이야 크게 다를 리 없겠으나 학생을 생각하는 학교의 마음은 좀 다르다.

학교는 열 손가락을 깨물어서 안 아픈 손가락과 아픈 손가락이 분명히 있다. 굳이 잔소리하지 않고 뭐라 하지 않아도 하나를 가르치면 열을 알아서 움직이는 모범생은 전혀 아프지 않은 손가락이다. 그러나 수시로 말썽을 일으키고 학교(교사)를 힘들게 하는 이른바 '문제아'들은 바라만 봐도 골치가 아픈, 그래서 쏙 빼서 버리고 싶은 치통 같은 손가락들이다.

학교나 교사가 원하지 않는 유형의 학생들을 학교 밖으로 쫓아낼 수 있는 공식적인 규정으로 '퇴학'이라는 제도가 있다. 이를 근거로 명문고 만들기에 혈안이 된 상당수의 고교는 흡연이나 결석 등의 이유를 누적하여 학생들을 줄줄이 퇴학시킨다.

그래서 서울의 한 신설 고교에서는 2013년부터 2014년까지 2년 동안 일흔네 명을 자퇴라는 이름으로 퇴학시켰고, 경기도 남양주의 한 고교에서는 2011년 열여덟 명의 학생을 한꺼번에 퇴학시켰다. 경기도 평택의 신설 고교에서도 2013년과 2014년에 거쳐 마흔아홉 명의 학생을 학교에서 쫓아냈다.

2015년 11월에는 이런 일도 있었다. 서울행정법원이 서울의 한 고교생이 학교장을 상대로 낸 퇴학 처분 취소 소송에서 원고 승소 판결을 했다. 학생이 교사의 지시에 불응하고 불손한 언행을 했다면서 학교 측에서 등교정지 10일 처분을 내리자 학생과 부모는 인권침해를 이유로 국가인권위원회에 진정을 냈고, 학교 측은 이를 해당 학생이 반성하지 않는다고 구실 삼아 퇴학 처분을 내려 벌어진 소송이었다.

재판부는 "퇴학은 가장 가혹한 처분이므로 중요한 사유가 있을 때 예외적으로 이루어져야 한다. 배움의 기회를 빼앗기보다는 가벼운 징계로 교육해 인격을 완성하는 것이 징계와 교육의 목적에 더 맞는 것으로 보인다."라고 판결했다. 무분별한 퇴학 관행에 제동을 건 의미 있는 판결이다.

우리나라는 법률로써 학생의 징계(퇴학)를 규정하는데 초중등교육법 시행령 제31조가 바로 그것이다. 이 시행령에서는 초중등교육법 제18조 제1항에 따라 '학교의 장은 교육상 필요하다고 인정할 때에는 학생에 대하여 징계를 할 수 있다'고 규정한다. 이에 따라 학교는 학생에게 흔히 '교내 봉사'라고 말하는 학교 내의 봉사[22]를 시작으로 사회봉사[23], 특별 교육 이수[24], 출석 정지[25], 퇴학 처분[26] 등 다섯 가지 징계를 할 수 있다. 그보다 좀 더 촘촘

---

22. 3~5일 이내의 기간으로 하며, 학생을 등교시켜 학교에서 봉사 활동을 시킨다.
23. 3~5일 이내의 기간으로 하며, 학생을 지역 행정기관, 공익 기관, 사회복지시설에 위탁하여 봉사 활동을 시킨다.
24. 교육감은 특별 교육 이수 및 출석 정지의 징계를 받은 학생을 교육하는 데 필요한 교육 방법을 마련·운영하고, 이에 따른 교원 및 시설·설비의 확보 등 필요한 조치를 하여야 한다.
25. 1회 10일 이내, 연간 30일 이내로 하며, 출석 정지 기간이 30일이 경과한 이후 문제 행동을 일으키는 경우 보호자와 상담을 통해 대안교육 위탁 등 특별 교육 기회를 제공한다. 출석 정지 기간은 학교생활기록부의 출결 상황란에 '무단결석' 이수에 산입하여 기재하되 특기 사항란에 사유는 기재하지 않는다.

하고 세부적이며 말도 안 되는 온갖 징계 사유들은 학교마다 자체 규정으로 따로 만들어 시행하고 있다.

그런데 초등학교와 중학교 과정에는 '퇴학(자퇴)'이 없다. 우리나라는 중학교 과정까지는 국가의 책임 아래 학교에 다닐 수 있도록 법률로 규정하고 있다. 중학교 과정까지는 '의무교육'에 해당하기 때문에 '의무적으로' 학교에 다녀야 하며 학교도 이를 거부하거나 막을 수 없다.

그러다 보니 이런저런 크고 작은 문젯거리를 만들거나 시비를 일으키는 독 오른 뱀 같은 중학생, 좀 더 솔직하게 말하면 학교에서 아주 마음에 안 들고 불편한 학생들, 골라내서 가져다 버리고 싶은 학생들을 어떻게 처리해야 할지가 늘 고민거리다. 깔끔하고 속 시원하게 퇴학시킬 수 있으면 참 좋겠는데 그럴 수가 없어서 고민은 더욱 깊어진다.

중학교의 이런 문제를 해결(?)할 방법으로 나온 것이 바로 '강제 전학'이다. 퇴학보다는 수위가 낮지만 감당하기 어려운 학생을 다른 학교로 강제로 보내버릴 수 있는 막강한 힘이 생긴 것이다. 원래는 학교 폭력의 수위와 위험이 커지면서 이에 따른 예

---

26. 퇴학 처분은 의무교육 과정에 있는 학생 외의 자로서 1. 품행이 불량하여 개전의 가망이 없다고 인정된 자, 2. 정당한 이유 없이 결석이 잦은 자, 3. 기타 학칙을 위반한 자 가운데 어느 하나에 해당하는 자에 한하여 행하여야 한다. 학교의 장은 퇴학 처분을 하기 전에 일정 기간 동안 가정학습을 하게 할 수 있으며 학교의 장은 퇴학 처분을 한 때에는 당해 학생 및 보호자와 진로 상담을 하여야 하며, 지역사회와 협력하여 다른 학교 또는 직업교육 훈련 기관 등을 알선하는 데 노력하여야 한다.

방과 대책의 하나로 '가해 학생에 대한 전학 조치'라는 이름으로 만든 것이다. 학교 폭력 예방 및 대책에 관한 법률 시행령 제20조에서는 다음과 같이 이를 규정하고 있다.

가해 학생에 대한 전학 조치

1. 초등학교 중학교 고등학교의 장은 자치위원회가 법 제17조 제1항에 따라 가해 학생에 대한 전학 조치를 요청하는 경우에는 초등학교 중학교의 장은 교육장에게, 고등학교의 장은 교육감에게 해당 학생이 전학할 학교의 배정을 지체 없이 요청하여야 한다.

2. 교육감 또는 교육장은 가해 학생이 전학할 학교를 배정할 때 피해 학생의 보호에 충분한 거리 등을 고려하여야 하며, 관할구역 외의 학교를 배정하려는 경우에는 해당 교육감 또는 교육장에게 이를 통보하여야 한다.

3. 제2항에 따른 통보를 받은 교육감 또는 교육장은 해당 가해 학생이 전학할 학교를 배정하여야 한다.

4. 교육감 또는 교육장은 제2항과 제3항에 따라 전학 조처된 가해 학생과 피해 학생이 상급 학교에 진학할 때에는 각각 다른 학교를 배정하여야 한다. 이 경우 피해 학생이 입학할 학교를 우선적으로 배정한다.

(시행일 2012. 4. 1)

하지만 위 규정을 학교 입장에서 보자면 말썽꾸러기를 다른 곳으로 보내버릴 가장 큰 해결책이자 무기가 되어버렸다. 바로 그 강제 전학 때문에 운명이 꼬여버린 열다섯 살 기홍이 이야기부터 해본다.

강제 전학이 앗아간 별것 아닌 꿈

기홍이는 중학교에 입학해서 처음 두어 달은 선생님들이 보기에 아주 모범적인 학생이었다. 잘생긴 훈남에 키도 컸다. 눈웃음 짓는 모습이 보는 사람을 마음 편하게 하는 서글서글한 인상이었다. 수업 시간에 발표도 또박또박 곧잘 했고, 어려운 수학 문제도 쓱쓱 잘 풀었다. 기홍이네 반 수업을 하는 선생님마다 괜찮은 인물 하나가 입학했다고 한마디씩 거들던 학생이었다.

그랬던 기홍이가 달라지기 시작한 건 2학년이 된 5월 중순을 넘어서면서부터다. 중학교에 올라오면서 새로 많은 친구를 사귀게 되었고 그들과 함께 어울려 다니는 일에 한창 익숙해질 무렵이었다. 물오른 사춘기 증상도 정점을 향해 치달아가던 즈음.

기홍이가 교무실에 불려오는 일이 잦아졌다. 주로 흡연 문제였다. 학교 화장실에서 담배를 피우다 걸려서 끌려오거나 방과 후 학교 앞 공원에서 담배를 피우다가 동네 주민의 신고로 붙잡혀 왔다. 학교에서는 보건소에 가서 금연침 시술과 금연 교육을 받게 했다. 금연 교육 덕분인지 기홍이의 눈치가 빨라진 탓인지 학교에서 담배를 피우다 걸려오는 일은 없어졌다. 학교에서는 기홍이가 다시 제자리로 돌아가고 있다고 생각했다.

그런데, 문제는 담배가 아니었다. 수업을 자주 빠지고 학교 밖에 나가서 놀다가 돌아오는 '무단 결과'가 많아졌고 학교 밖에서 다른 학생들을 때리고 돈을 빼앗거나 이른바 '담배 셔틀'을 시키는 등 악행이 이어졌다. 이를 알게 된 피해 학생의 학부모가 학교에 찾아와 처벌을 요구하면서 기홍이의 만행은 훤히 드러나고 말았다. 사실 조사한 결과 피해를 본 학생이 생각보다 많았다. 다른 학교의 학생 여럿도 피해자 명단에 이름을 올리고 있었다. 어느새 기홍이의 서글서글하던 눈빛도 싸늘하고 날카롭게 달라져 있었다.

결국 몇 차례의 사실 확인 조사와 부모 소환 등을 한 후 학교에서는 학교폭력대책자치위원회(학폭위)를 열게 되었다. 학폭위는 전학 조치, 그러니까 강제 전학으로 결정했다. 기홍이도 부모도 이를 달게 받아들였다. 2학년 1학기 여름방학과 함께 기홍이는 이웃의 다른 학교로 강제 전학을 갔다. 그러고는 연락이 끊어졌다. 간간이 SNS를 통해 그의 일상을 확인할 수는 있었지만 그마저도 활발하게 하는 편이 아니어서 온전한 삶의 전모를 알 길이 없었다. 불명예를 안고 학교를 떠났기에 이쪽에서 먼저 연락하는 것도 기홍이의 자존심을 건드리는 게 될 수도 있을 것 같아 쉽지 않았다.

다시 기홍이에게서 만나고 싶다는 연락이 온 건 그로부터 1년도 더 지나서 고등학교 입학 전형을 앞둔 11월 즈음이었다. 고교 진학과 관련해 상담을 좀 하고 싶다고 학교로 찾아오겠다고 했다. 거절할 이유가 없었다. 다음 날 오후 기홍이가 찾아왔다.

"교복 입고 친구들과 같이 학교 다니고 싶어요."

반가운 인사를 나누고 자리에 앉자마자 기홍이가 처음 내뱉은 말이었다. 같이 입학한 친구들이 이제는 3학년이 되어서 학교생활을 하는 것이 부러웠던 모양이다. 그동안 기홍이는 강제 전학 간 후에도 새 학교에 적응이 쉽지 않았다고 했다. 강제 전학생이라는 꼬리표가 선생님들과 학생들 사이에 시나브로 다 알려져 더욱 힘들었다고 했다.

결국 그 학교에서 몇 달을 못 버티고 비인가 대안학교로 다시 거처를 옮겼다. 하지만 그곳도 기홍이가 마음을 붙이고 생활할 만한 곳은 아니었다. 강제 전학을 당한 지 불과 1년여 사이에 벌어진 일들이었다.

대안학교에서 나온 기홍이는 검정고시 준비를 했고, 어렵게 합격해 중학교 졸업 자격을 얻었다. 그리고 고등학교 진학을 위해 상담이 필요해서 나를 찾아온 것이었다. 이야기를 다 듣고 나니 한 번의 실수로 빚어진 일이 기홍이에게 너무 가혹한 시련들을 안겨주었구나 싶은 생각이 들었다. 안쓰러웠다.

기홍이와 이야기를 나누는 사이, 그의 학교 방문 소식을 들은 친구들이 교무실로 몰려왔다. 아직도 이런저런 크고 작은 말썽을 일으키긴 하지만 여전히 학교에 잘 다니고 있는 녀석들이 대부분이었다. 반가운 인사를 나누는 모습은 서로 어울려 다니던 때와 하나도 변한 게 없었다. 수업 시작종과 함께 친구들이 교실로 돌아간 후, 학교생활 하는 친구들의 모습을 보니 어떠냐고 물은 나의 질문에 기홍이는 이렇게 대답했다.

"옛날엔 제가 왜 그랬는지 몰라요. 조금만 참았으면 되는 걸…, 그냥 수업 시간에 가만히 앉아만 있었어도 됐을 걸…"

그렇게 말하는 기홍이의 표정은 우울하고 엄숙했다. 그동안 혼자서 속으로 얼마나 많은 생각을 했는지 알고도 남을 만한 말이었다. 같이 입학한 친구들과 같은 학교에서 같은 교복을 입고 같이 학교에 다니며 함께 졸업하고 싶었던, 그토록 별것 아닌 꿈은 한때의 일탈이 불러온 강제 전학 이후 모두 물거품이 되어 사라졌다.

만일 당시에 학교가 한 번만 더 기홍이에게 기회를 주었더라면 어땠을까. 강제 전학이라는 가장 무섭고 가혹한 징계보다는 더디더라도 철들 시간을 조금만 더 주었더라면 중학교 시절을 송두리째 무너뜨리고 앗아버리는 상처는 주지 않을 수 있지 않았을까.

한 번 잘못했다는 이유로

세상의 법칙이 그렇듯 강제 전학을 가는 학생이 있으면 오는 학생도 있다. 운학이가 강제 전학을 온 학생이었다. 기홍이에 비하면 운학이는 몹시 거칠었다.

2학년 3월 중순에 강제 전학 온 운학이는 이력이 아주 화려했다. 여러 건의 학교 폭력 가해자였고, 이번이 두 번째 강제 전학이라고 했다. 강제 전학을 두 번이나 겪게 된 상황이 말해주듯 1학년 때에는 소년 보호원에도 6개월여를 다녀왔다고 했다. 지금은 보호관찰을 받는 중이었다.

운학이가 학교 폭력 가해자라는 이름으로 두 번이나 강제 전학을 당하게 된 것은 자신을 포기해서라기보다는 휘몰아치는 상황들에 어떻게 대처할지 몰랐기 때문이다. 하지만 한번 낙인찍은 학생을 계속 왜곡된 시선으로 바라보고 믿어주지 않는 학교와 교사의 강압이 그를 더욱 어긋나게 했다. 자신을 믿어주지 않는 학교와 교사에 대한 불신과 분노가 학교 폭력과 맞물려 더욱 일을 크게 만들어버린 것이다.

강제 전학을 와서 운학이는 학교에 잘 적응했다. 친구들과 크게 싸워 폭력에 휘말리거나 담배를 피우다 걸려서 끌려오는 일도 없었다. 다만 학교에서는 그냥 하루 종일 잠만 잤다. 수업하는 선생님마다 흔들고 깨워도 잠만 잤다. 강제 전학을 두 번이나 한 학생이라는 사실을 선생님들도 알고 있었다. 그에 따른 연민 때문인지 감정적으로 무리하게 운학이를 지도하거나 강압적인 방법을 쓰는 선생님이 없었다. 깨우다 지치면 그냥 놓아두거나 자리에서 일어나도록 해서 잠을 깨우는 정도가 선생님들이 운학이에게 하는 흔한 방법이었다. 그러다 보니 선생님들과의 갈등도 크게 생길 일이 없었다.

운학이는 신체장애가 있는 어머니와 둘이 살고 있었다. 집이 가난해서 운학이가 야간에 아르바이트해 생계에 보태고 있었다. 이런 사실을 알게 된 선생님들이 그렇게 배려 아닌 배려를 한 것

이 운학이에게는 학교와 교사에 대한 거부감을 줄이는 계기가 되었다.

시간이 지나면서 운학이의 교우 관계도 다양해졌고, 평소 과묵하고 예의 바른 모습을 보인 터라 선생님들에게도 꾸중보다 칭찬을 더 받았다. 학교 폭력으로 두 번이나 강제 전학한 사연 덕분에 조금만 달라지고 나아 보여도 선생님들이 칭찬한 것이 운학이의 기를 북돋는 밑거름으로 작용했다.

하지만 여기까지 오는데 너무 많은 아픔과 상처가 있었다. 무엇보다 학교 폭력 가해자라는 낙인과 주위의 비난하는 시선들, 그로 인해 학교로부터 버려져 두 번의 강제 전학을 당하며 이 학교 저 학교로 거처를 옮겨 다녀야 했던 기억은 운학이에게 평생 지워지지 않는 기억으로 남았다.

여름방학을 앞둔 7월, 보호관찰소로 가는 날 운학이와 상담하면서 강제 전학을 온 이후 학교생활이 어떤지에 대해 잠깐 이야기를 나누었다. 운학이의 입에서 나온 이야기는 또 한 번 나의 가슴을 쓸어내리게 하는 아프고 미안한 말이었다. 강제 전학은 누구도 구제하거나 살릴 수 있는 바람직한 방법이 아니라는 것을 거듭 새길 수밖에 없었다.

"친구들이랑 선생님들 모두 다 좋아요. 그래도 제가 강제 전학을 두 번이나 했다는 사실은 계속 마음에 걸려요. 다 제 탓이긴 하지만 제가 그렇게 학교에 있으면 안 되는 나쁜 놈인가 하는 생각이 들거든요. 공부 같은 건 관심도 없고 잘하지도 못하니까 그냥 공부 못한다고 해도 좋은데, 한 번 잘못했다는 이유로 제가 사실을 말해도 안 믿어주고 계속 나쁜 놈이라면서 욕하고 강제 전학을 보낸 학교와 선생님들은 평생 못 잊을 것 같아요."

가출을 권하는 세상

가출하고 싶다

열다섯 살 중학생이 있었다. 학기 말 성적이 부모가 바라는 만큼 나오지 않자 야단맞을 것을 두려워하다가 가출을 결행했다. 단순히 집을 나가는 정도가 아니라 배를 타고 섬으로 가려고 했다. 그런데 뱃삯을 내고 표를 끊을 만한 돈이 없었다. 해가 지기를 기다려 부산항에 정박한 배들 가운데 가장 크고 깨끗한 배에 몰래 올라탔다.

제주도로 가는 배일 거로 생각했는데 이 배는 일본 시모노세키로 가는 페리호였다. 일본행 배라는 걸 알았을 때는 이미 배가 움직이기 시작한 후였다. 겁이 났지만 일본까지 가보기로 했다. 그러나 시모노세키에 입항하기 직전 선원에게 발각됐고 한국 경찰에 넘겨졌다.

이 이야기는 2015년, 중학생이 성적을 비관하여 가출했다가 일어난 깜짝 뉴스로 세상 사람들의 입길에 올랐다. 가출치고는 어마어마하게 일이 커지고 말았지만 연평균 약 45만 명, 중고생 열 명 중 한 명이 가출[27]하는 나라인 우리의 현실을 돌아보면 진지하고 심각한 성찰이 필요하다. 크고 작은 이유로 가출을 계획 중이거나 이미 가출을 경험한 중학생들을 학교에서 만나는 건 결코 어려운 일이 아니다.

학생들도 다양한 SNS 활동을 통해서 서로 의사소통을 하고 자기 생각이나 혼잣말을 중얼중얼 끼적이기도 한다. 그걸 들여다보면 뜻하지 않게 학생들의 은밀한 비밀이나 생각을 발견할 때가 있다. 태준이가 욕설을 섞어 페이스북에 올려놓은 글이 바로 그랬다. "아, 씨발 가출하고 싶다."

평소 학교생활을 즐겁게 하는 터라 태준이에게 가출에 대한 욕망이 있을 것이라고는 생각해본 적이 없었다. 게다가 욕설까지 내뱉으며 그렇게 적어놓은 이유가 궁금했고 뭐라도 도와주어야겠다는 생각이 들었다. 태준이가 페이스북에 가출하고 싶다고 썼을 때 댓글로 나타난 친구들의 반응은 대체로 두 가지였다. 왜 그러느냐고 물으며 걱정하는 부류와 재워줄 테니 오라는 등의 가출을 지지(?)하는 세력으로 갈라졌다. 다음 날 점심 급식을 먹고 태준이를 불렀다.

"가출하려고?"

앞뒤 없이 치고 들어간 내 질문에도 놀란 표정 하나 없이 태

---

27. 2015 청소년 통계 참조.

준이는 담담했다. 그러고는 자신의 이야기를 들려주었다.

"아빠 때문에 요즘 계속 스트레스받아요."

"아빠 때문에?"

"네, 지난 중간고사에서 성적이 좀 떨어졌는데요. 그때부터 아빠가 학원 다니고 과외 하라고 계속 잔소리하고 혼내요. 다른 건 아무것도 못 하게 하고요. 어제도 학원 마치고 밤에 애들이랑 집 앞 공원에서 농구 하기로 했는데, 복습하라면서 막는 아빠 때문에 못 나갔어요. 집이 감옥 같아요. 돈만 있으면 가출하고 싶은데 돈이 없어요."

이야기를 듣고 보니 측은했다. 학원까지 다녀온 늦은 밤에 친구들과 농구 한 게임 하고 자려던 것을 그마저도 허락을 안 했다고 하니 아빠가 너무하다 싶기도 했다. 태준이로서는 욱하는 기분에 홀쩍 집을 나가버리고 싶은 생각이 들 것도 같았다. 그런데 돈이 없어서 못 나간다는 말에 터져 나오는 웃음을 어쩔 수가 없었다. 가출할 만큼의 돈이 없는 게 다행이다 싶었다. 집을 나갈 돈도 없었고 그나마 짧은 상담을 통해 마음을 좀 진정한 덕분이었는지 그 후 태준이는 다시 제자리로 돌아와 학교생활을 즐겁게 이어갔다. 진짜로 가출하지는 않았지만 저 혼자 마음고생은 그만큼 했으리라는 것은 충분히 짐작되었다. 아빠와의 갈등은 여전히 숙제로 남았지만.

가출팸이 되어버린 주희

여학생의 가출은 중학교 2학년 때 급격히 늘어난다고 한다. 2015년 청소년 통계의 가출 청소년 비율을 보면 남학생(12.9%)이 여학생(8.8%)에 비해 많다고 한다. 그런데 이를 중학생으로 한정하면 그 비율은 반대로 나타나지 않을까 싶다. 학교에서 지켜본 바로 중학생들만의 가출 비율을 따진다면 남학생보다 여학생의 비율이 더 높을 것 같다. 가출 소녀가 된 여학생들이 조금 더 많기 때문이다.

주희는 겉으로 보기에는 예쁜 중2 여학생이었는데 성격은 여느 남학생 못지않게 거칠고 사나운 데가 있었다. 웬만한 남학생들도 주희 앞에서는 옴짝달싹 못 했다. 그렇다고 친구들과 사이가 안 좋다거나 어울리지 못하는 건 아니었다. 오히려 거칠지만 뒤끝 없고 적극적인 성격이 친구들과의 관계에 유리하게 작용했다.

그런 주희가 추석 연휴 이후부터 시작해서 학교에 나오지 않은 게 한 달을 넘겼다. 가출한 것이다. 평소 주희와 어울리는 친구들의 이야기를 종합하면 몇 군데의 친구들 집을 오가면서 지낸다고 했다. 한 친구의 집에서 지내다가 눈치가 보이면 다른 집으로 옮겼다가 다시 처음의 친구 집으로 들어가는 식으로 이른바 친구 집 돌려막기를 하며 지내고 있었다.

낮에는 같은 처지의 가출한 다른 학교 친구들과 어울리며 시내 거리를 배회하거나, 대형 마트나 쇼핑몰 같은 곳을 어울려 다니며 아이쇼핑을 한다고 했다. 저녁에는 밤거리를 헤매거나 PC 방, 노래방 같은 곳을 전전하며 지낸다고. 며칠 전에는 선생님들 눈에 띄지 않게 학교에 와서 점심 급식을 먹고 갔다는 이야기를 들었다.

주희의 가출은 사실 이번이 처음은 아니었다. 주희는 이혼한 아버지와 살았다. 미혼의 고모가 함께 있으면서 주희를 돌봐주고 있었다. 주희 아버지는 술을 마시면 집에 와서 주희에게 폭력을 행사했다. 술을 마시지 않은 날도 주희에게 손을 대는 일이 많았다. 모두 주희가 나쁜 친구들과 어울리며 집에 늦게 들어온다는 이유 때문이었다. 주희는 몸에 멍이 들기도 했고, 얼굴에 상처가 나기도 했다. 파랗게 멍이 든 눈두덩을 안대로 가리고 학교에 온 적도 있다. 고모가 아무리 말려도 소용없었다. 경찰이 다녀간 적도 있지만 마찬가지였다. 그 모진 아버지의 폭력을 견디기 힘들어지면 주희는 집을 나와 '가출팸('가출+패밀리'의 줄임말로 가출한 청소년들이 모여 가족처럼 함께 생활하는 집단을 일컫는 말)'이 되곤 했다.

학교 밖에는 자신과 사정이 비슷한 친구들이 있었다. 그들과 어울리며 지내는 게 한편으로는 마음 편한 일이기도 했다. 고모가 아빠 몰래 용돈을 챙겨주거나 먹을 것을 사주기도 했지만 집 밖 생활이 수월할 리는 없었다.

워낙 학교 밖 세상이 무섭고 험한지라 이제는 학교로 돌아와 주었으면 싶었지만 주희는 아직 그럴 마음이 없는 것 같았다. 얼마 후 주희와 친하게 지낸 연이도 가출했다는 소식이 들려왔다.

교무실에서는 선생님들의 한숨만 깊어갈 뿐이었다.

가출을 선언하다

학생들이 쓰는 글을 통해 그가 어떤 생각을 하고 있는지를 새삼 알게 되거나 발견하는 경우가 종종 있다. 온전하고 완성된 형태의 글쓰기를 매우 힘들어하는 요즘 중학생들이지만 그런 것과는 상관없이 자기 생각을 글로 나타내는 아이들이 있다. 현세가 쓴 '가출 선언문'이 바로 그랬다. 현세의 가출 선언문을 읽어보자.

나는 부모님에게 선언한다. 나는 지금 집을 나갈까 말까를 고민하고 있다. 왜냐하면 부모님은 허구한 날 싸움만 한다. 그게 사랑인지 싫어해서 하는 것인지 지금은 도통 알 도리가 없다. 부모님은 사랑해서 싸우는 날도 있다고 하지만 싸우는 모습을 보면 두렵다.

오늘도 이혼이라는 말을 꺼내면서 싸웠다. 그게 사랑일까. 아님 사랑하지 않는 사이일까 생각한다. 그래서 상담을 해보아도 싸움이 사라지지 않는다. 그래서 생각한다. 나는 어떻게 살지. 가출할까 하지만 나가면 어디서 무엇을 하며 살아가지 하는 생각을 종종 한다. 그래서 나는 고민을 한다. 나는 지금 살고 있는 게 맞나? 나 자신이 맞나? 나는 몸만 있고 안은 텅 빈

존재가 아닐까? 하고 나 자신을 의심하기도 하면서 나날이 깊어만 간다.

그래서 나는 고민한다. 만약 내가 지금도 안 태어나고 있으면 돈 걱정 없이 잘 살까? 라는 생각을 하지만 그것을 억누르려고 애쓰고 있다. 그래서 나는 가출을 할까 생각에 빠져 있다. 그래서 나는 언젠가 나이가 충분히 들고 나가는 것을 기대하기도 하면서 기다리고 있다. 만약 이 마음을 알면 싸움을 멈춰주실까? 그래서 나는 선언한다. 언젠가 가출할 것이라고 선언한다.

프랑스의 철학자 데카르트가 '나는 생각한다. 그러므로 존재한다'고 했던가. 그렇다면 현세는 '부모님은 싸운다. 그러므로 나는 가출한다' 쯤이 될 것 같다. 현세가 쓴 글을 읽어보면 아마도 돈 문제 때문에 이혼 이야기까지 해가며 허구한 날 싸움만 하는 부모님의 모습에 상처를 많이 받은 것 같다. 그래서 현세가 생각해 낸 것이 바로 가출인 셈이다.

자신이 태어난 탓으로 부모님이 돈 걱정을 하며 부부싸움을 하는 것은 아닐까 하고 생각하다가 그 생각마저도 억누른다는 대목을 읽을 때면 코끝이 찡해진다. 그런 자신의 마음을 부모님이 알고 부부싸움을 멈추어주기를 바라는 마음 또한 간절하다. 그런데도 부모님의 싸움이 그치지 않는다면 언젠가는 가출을 하고 말겠다고 '선언'까지 하는 모습이 너무 진지해서 안쓰러움이 더 커진다.

중학교 2학년이 감당하기에 부모님의 부부싸움은 집을 나가고 싶게 만들 만큼 크고 벅찬 고통일 것이다. 충분히 사랑과 지지를 받고 싶은데 그렇지도 못하고 부모의 싸움이라는 불화를 지켜보기만 해야 하는 현세의 마음이 숯검댕이처럼 새까맣게 변해 있을 것은 두말할 나위도 없다. 열다섯 살에게 집을 나가라고 가출을 권하는 세상이 온전히 아름답다고 말할 수는 없을 것 같다.

　통계 자료에 따르면 청소년들의 가출 사유 중 가장 큰 비율을 차지하는 것이 부모님 등 가족 간의 갈등과 폭력, 폭언 등으로 나타났다. 가출 청소년은 2011년 29,281명, 2012년 28,996명, 2013년 24,753명, 2014년 23,605명 발생하는 등 연평균 26,000명 이상 발생한다고 한다. 이러한 사유와 숫자들에는 태준이 주희, 현세 모두가 포함된다.

　또 다른 이름의 학생들도 이 대열에 들어서고 있기도 하다. 이들의 간절한 하소연이자 애타는 절규를 단지 사춘기의 삐딱한 일탈이라고만 하지 말았으면 싶다. 우리의 가정과 사회 그리고 학교가 좀 더 이들을 따뜻하게 품고 키울 수 있는 자리가 넓어지고 많아지기를 꿈꾼다.

지금은 어른의 인내가 필요한 때

작고 외로웠던 소년의 시설 입소

청소년 심리학의 아버지라고 부르는 미국의 심리학자 그랜빌 스탠리 홀은 청소년기를 가리켜 "질풍노도의 시기"라고 정의했다. 자아의식과 현실 적응 사이의 갈등과 소외, 혼돈의 감정을 경험하고, 긴장과 혼란이 가중되는 불안정하고 격정적인 청소년기를 가리키는 말이다.

'몹시 빠르게 부는 바람과 무섭게 소용돌이치는 큰 물결'이라는 뜻의 '질풍노도(疾風怒濤)'는 때때로 격정적이고 저돌적인 십 대들의 정서를 잘 드러낸 표현이다. 생애 처음으로 맞이하는 인생의 봄을 생각하는 시기라는 '사춘기(思春期)'가 감성적 은유라면, '질풍노도'는 거침없는 직관이다. 바로 그 질풍노도의 한가운데를 아주 위태롭게 질주하는 열다섯 살이 있다.[28]

1학년 때 우리 반이었던 민환이. 당시 민환이는 입학식에도 나타나지 않았다. 그로부터 일주일이 더 지나서야 비로소 학교에서 그를 볼 수 있었다. 입학식에 오지 않은 것이 이상해서 입학식을 마친 후 바로 민환이가 있는 보육원으로 전화를 걸었다. 민환이는 보육원에서 돌봄을 받는 학생이었다.

마침 민환이를 맡은 사회복지사 선생님이 전화를 받았다. 민환이가 중학교 입학 전 그러니까 초등학교를 졸업하고 중학교 입학식을 하기까지의 공백기에 가출해서 자전거를 훔쳐 타다가 걸렸다는 것이었다. 그 문제를 해결하느라 입학식은 물론 일주일 남짓하도록 등교를 못 했다고 사회복지사는 설명해주었다. 초등학생 때에도 크고 작은 일들이 많았다는 말도 덧붙였다. 민환이와의 인연은 그렇게 불안한 만남으로 시작했다.

발육이 늦은 탓인지, 성장 과정에서 영양 균형이 고르지 못했는지 민환이는 또래보다 두 뼘 이상은 작은 키에 삭정이처럼 바짝 마른 몸이었다. 남학생이었지만 또래의 평범한 여학생들보다 작고 메말랐다. 살짝 넘어지기라도 하면 투두둑 하고 온몸이 부서질 것 같이, 아주 조그마했다.

그러나 그 작은 몸에는 엄청난 분노가 도사리고 있었다. 태어나자마자 부모에게 버림받아 보육원에서 성장했다는 사실을 알게 되면서 분노는 점점 걷잡을 수 없이 부풀어 올랐다. 덩달아 세상과 사람에 대한 불신이 매우 크고 깊게 가슴에 들어앉았다.

---

28. 대검찰청 범죄 분석 자료(2014년 기준)에 따르면 전체 소년(0~18세) 범죄자 77,594명 중 15세가 14,041명으로 18.09%에 해당하고, 14~16세는 40,693명으로 전체 범죄의 52.44%를 차지하는 것으로 드러났다.

학교에 나오면서도 그 후로 계속 민환이는 자신보다 어리숙한 친구들을 이용해 편의점에서 물건을 훔쳐오게도 했고, 가출을 모의해 일주일 이상 거리를 떠돌다가 붙잡혀서 돌아오기도 했다. 등굣길에 거리에 누군가 세워놓은 자전거를 훔쳐 타고 달아나서는 결석하고 하교 시간이 되어 아무렇지 않은 듯 태연하게 자전거를 버리고 보육원으로 돌아가기도 했다.

이미 결석 내용을 보육원에 알린 터라 학교에서 돌아왔다는 거짓말은 통하지 않았다. 그런 날은 보육원에서 모질게 혼나고 벌쓰는 게 반복됐다. 그럴수록 분노와 불신은 더 깊고 커졌다. 태어나 세상에 버려진 후, 자신을 이해해주는 자기편은 아무도 없다는 아픈 절망감, 그것이 민환이를 살게 하는 힘이자 자신을 파괴하는 괴물이기도 했다.

민환이의 본격적인 일탈은 학년이 올라가 2학년이 되어서도 이어졌다. 친구의 휴대전화를 몰래 훔쳐서 팔기도 했고, 돈을 빼앗기도 했다. 저보다 약한 친구를 집요하게 괴롭히다 이를 알게 된 피해 학생의 부모가 경찰에 신고하는 일도 벌어졌다.

결국 민환이는 보호관찰 처분(죄를 저지른 사람을 교정시설에 구금하여 자유를 제한하는 대신 정상적인 사회생활을 영위하도록 하면서 보호관찰관의 지도-감독 및 원호를 통하여 범죄성이나 비행성을 교정하고 재범을 방지하는 제도)을 받았다. 그러나 보호관찰 기간 중에도 민환이의 일탈은 그치지 않았고 정기적으로 가야 하는 보호관찰소에 가지 않을 때도 있었다.

학교에서도 보육원에서도 민환이를 감당하기에 벅찬 나날이 이어졌다. 그러다 다시 전철역 근처에 세워 놓은 자전거를 훔쳐 타다가 붙잡혔다. 민환이는 '특수절도' 혐의로 잡혀갔다. 심란하고 속상한 상황들이었다.

얼마 후 학교로 공문이 하나 날아왔다. 민환이에 대한 '교사 의견서'를 작성해 보내달라며 ○○지검에서 보낸 것이었다.

이른바 '결정 전 교사 의견 청취 제도(TOAST 제도)'에 따른 이 것은 검찰에서 형사 사건 처리 전에 담임교사에게 학생의 학업, 성행, 교우 관계, 가정환경 등 의견을 조회하는 것으로써 담임교사를 형사소송법에서 규정한 전문자문위원으로 지정하여 그 의견을 청취하고 사건 처리에 반영하려고 시행하는 제도다.

항목마다 정성을 다하여 민환이의 처지를 생각하여 쓰고 선처를 바란다는 내용까지 넣어 담당 검사에게 보냈다. 그러나 결과는 좋지 않았다.

민환이에게 아동보호 치료 시설(아동복지법 제16조에 의거한 아동복지시설로서 불량 행위를 하거나 불량 행위를 할 우려가 있는 아동으로서 보호자가 없거나 친권자나 후견인이 입소를 신청한 아동 또는 가정법원, 지방법원소년부지원에서 보호 위탁한 아동을 입소시켜 선도하는 시설)에 입소 명령이 떨어진 것이다.

민환이가 가게 된 곳은 만 10~18세 남자 청소년을 대상으로 법원으로부터 6개월 위탁, 아동상담소로부터 보호 위탁받은 이들을 보호-선도하는 시설이다. 최소한 6개월을 그곳에서 보내야 한다. 일이 터진 게 여름방학을 마치고 2학기를 막 시작한 무렵이었다. 그러니 중2 생활의 나머지 기간을 모두 아동보호 치료

시설에서 보내고 3학년이 되는 3월에나 학교로 돌아올 수 있게 되었다.

그렇게 민환이는 인사도 없이 학교에서 사라졌다. 그로부터 달 포쯤 지났을까. 편지 봉투의 보낸 사람 자리에 '○○○○ 청소년센터'라고 인쇄된 편지 한 통이 왔다. '받는 사람' 란에는 학교 이름과 내 이름을 나란히 적어 놓았다. 민환이의 편지였다.

선생님 여기 ○○○○에서 생활하고 있어요. 저는 여기서 잘 생활하고 있어요. 막상 제가 잘못한 거라 뭐라 말씀을 드릴 게 없네요. 선생님 제가 절도를 하고 보호관찰 위반으로 재판을 받아서 여기 ○○○○에서 지내면서 후회를 많이 하고 있어요. 그런 짓을 왜 했을까. 그런 짓만 안 했어도 학교 다니면서 열심히 살려고 했는데 판사님이 재판을 통해서 반성 좀 하라고 보낸 것 같습니다. 앞으로는 이런 사고가 없도록 조심할게요. 막상 편지를 쓰려고 하니까 쓸 게 없네요. 선생님 제가 퇴소하고 학교에 가서 열심히 다니면서 선생님도 뵐게요. 3학년이 되어서 퇴소해요. 퇴소해서 만나서 맛있는 거 많이 먹어요. 선생님 절 걱정해주셔서 감사해요. 사랑해요 ㅎㅎ ^^. 그럼 몸 건강하시고 잘 계세요.

20○○년 ○○월 ○○일 ○요일

장소 서울시 ○○동 ○○○○ 청소년센터

민환이는 그렇게 두서없이 자신의 소식을 전하고 있었다. 연필로 삐뚤빼뚤하게 쓴 편지 내용으로만 보면 나름대로 잘 적응하며 지내는 듯 보였다. 학교로 돌아오고 싶은 마음도 느껴졌다. 부디 녀석이 더 이상의 방황이나 고통 없이 제 자리를 찾아주었으면 싶은 마음이 간절했다.

이듬해 봄이 되자 민환이가 다시 학교로 돌아왔다. 그러나 민환이는 친구들과 함께 졸업하지 못했다. 학교에 돌아온 지 불과 3주 만에 다시 예전처럼 여러 가지 일들을 하나둘씩 만들고 다닌 탓이다.

민환이를 보호하던 보육원에서 다른 도시의 대안교육 시설로 민환이를 보내버리고 말았다. 입학식 사진에도 졸업식 사진에도 민환이는 없다. 그 후로 지금까지 민환이에게서는 아무런 소식도 없다. 세상에 대한 분노와 적개심으로 삶을 유지하던 작고 외로웠던 소년은 지금 어디에서 어떻게 '살고' 있을까.

무단결석, 유예 그리고…

은아는 웃을 때마다 눈꼬리가 반달 모양으로 변했고, 젖살이 아직 남아 있는 통통한 볼이 발그레하게 예뻤다. 분홍색 바탕에 하얀 줄 세 개가 있는 이른바 '삼디다스' 슬리퍼를 신고 다니며 항상 웃는 얼굴로 쉼 없이 재잘거리는 게 하나도 성가시지 않게 느껴지는 중2 여학생이었다.

은아는 친구들하고도 잘 어울렸고 수업 시간에도 유쾌한 명랑

소녀였다. 그 예쁜 모습 그대로 고등학교에 진학해 제 인생을 살 거라는 것 말고는 다른 생각을 전혀 할 수 없는 친구였다. 은아의 그런 모습은 2학년 1학기 4월까지였다. 꽃들이 무더기로 피어나고 바람이 따뜻해지는 5월이 되면서부터 은아에게도 질풍노도가 휘몰아치기 시작했다.

가장 먼저 결석이 잦아졌다. 한 달의 절반 이상 결석하는 때도 있었다. 그게 아니면 조퇴. 머리가 아프다거나 배가 아프다면서 병원에 가겠다고 조퇴를 원했다.

은아의 부모는 은아가 초등학교 6학년 때 이혼했다. 은아는 택배 일을 하는 아빠와 둘이 살고 있었다. 은아 아빠는 매우 엄한 편이었다. 은아가 조금만 실수를 하거나 잘못을 해도 욕설을 하고 매를 들었다. 택배 일을 하기 위해 아침 일찍 집을 나가고 밤늦게 귀가했기 때문에 은아를 엄하게 키웠다는 게 은아 아빠의 말이었다.

하루하루의 일상이 고단하다 보니 은아 아빠는 밥이나 반찬 같은 것들을 제대로 챙겨주지 않았다. 밥솥은 텅 비어 있기 일쑤였고 반찬은 없거나 마트에서 사다 놓은 '김'이 가끔 있는 정도였다.

은아는 집에서 제대로 밥을 먹고 다니는 일이 거의 없었다. 그나마 아빠에게 받은 용돈으로 빵이나 떡볶이 같은 것들을 사 먹는 게 다였다. 그런 녀석이 어쩌면 그렇게도 티 없이 해맑게 웃으며 학교에 다닐 수 있었는지 그것이 더 의아했다.

은아도 결국 그런 생활을 견디기 힘들었을까. 5월이 되면서부터 학교에 나오지 않고, 역시 학교에 가지 않는 다른 학교 친구들과 어울리기 시작했다. 아빠보다 귀가 시간이 늦어지는 때도 있었고 외박하는 날도 생겼다. 그 무렵 담배도 배우고 가끔 친구들과 술도 마셨다.

불같은 성격의 아빠가 이를 보고만 있었을 리 없었다. 아빠 말에 고분고분하고 '잘못했어요'라며 용서를 빌던 은아도 이제는 없다. 아빠와 은아의 갈등은 커질 대로 커졌다. 은아가 학교에 가는지 안 가는지도 아빠는 관심을 끊었다. 은아가 결석할 때마다 무슨 사정인지를 알아보려고 아빠에게 전화를 걸면 연결이 잘 안 되던 이유가 그런 사정 때문이었다는 걸 나중에야 알았다.

은아도 은아 아빠와도 연락이 끊기다시피 하는 동안 결석 일수는 50일이 넘었다. 은아는 연락만 안 되는 것이 아니라 다른 친구들을 통해 들려오는 소식조차 없었다. 감감무소식 바로 그것이었다.

그 무렵 '교사 의견서'를 작성해서 보내 달라는 공문이 또 날아들었다. ○○지검에서 보낸 공문에는 은아의 이름과 함께 '죄명:공갈'이라고 적혀 있었다. 범죄로서의 공갈은 '재물을 교부받거나 재산상의 이익을 취득하거나 제삼자로 하여금 재물의 교부를 받게 하려고 폭행 또는 협박으로 외적인 공포심을 일으키는 것'이다.

은아는 학교를 나오지 않는 동안 학교 밖에서 알게 된 친구들과 어울려 다니면서 이런저런 일들을 저지르고 다녔는데 그 가운데 자기보다 어린 다른 학교 학생들을 괴롭힌 일이 공갈이라는 죄가 되었다. 교사 의견서 문서 파일을 열어놓고 한참을 멍하니 있을 수밖에 없었다. 화면에는 반달 모양의 눈웃음을 짓던 은아의 모습이 어른거렸다.

며칠 후 은아의 엄마가 학교로 찾아왔다. 은아의 소식을 듣자마자 학교로 달려온 것이라고 했다. 은아 아빠와 이혼 후 아빠가 은아를 잘 키우고 있는 줄만 알았다고, 이 지경이 될 줄 알았으면 자신이 키웠을 거라며 그동안 너무 무관심했었다고 자책하며 눈물을 보였다. 안타까웠다.

우선 제일 급한 건 은아를 학교에 나오도록 하는 것임을 강조했다. 이미 은아의 무단결석은 60일에 가까운 상황이었다. 일주일 정도만 학교에 계속 나오지 않으면 상급 학년으로 진학할 수 없다고 시쳇말로 일 년을 '꿇어야' 한다고 알려주었다. 초중등교육법 시행령에 따라 법정 수업 일수의 3분의 2 이상 출석하지 않으면 진급할 수 없다. 그러면 은아는 자동으로 '유예' 처리를 당할 수밖에 없다.

설명을 들은 은아 엄마는 또 눈물을 쏟았다. 당장 은아를 찾아 나서겠노라고 꼭 데리고 올 테니 기회를 달라고 신신당부를 하고 갔다. 그리고 이틀 후 1교시 시작 전, 은아 엄마가 정말로 은아를 데리고 학교에 나타났다. 은아는 머리를 샛노랗게 염색했다. 발그레한 볼에 반달 웃음은 사라지고 희고 짙은 화장이 얼굴을 덮고 있었다. 그런 것과는 상관없이 반갑고 고마웠다.

이제부터라도 학교에 나오기만 하면 된다. 그래야 당장 눈앞에 닥친 유예의 위기를 피할 수 있다. 그리고 다시 학교 친구들과 어울리며 즐겁게 학교생활을 하면 된다. 필요한 건 나도 최선을 다해 도와주겠다고 했다. 은아는 아주 작은 소리로 그렇게 하겠다고 했다. 화장으로 덮은 얼굴로 살짝 웃어 보이기까지 했다. 그 말을 믿었다.

은아를 본 건 그것이 마지막이었다. 은아는 다음 날 학교에 나오지 않았고 결국 여름 방학을 며칠 앞두고 유예에 해당하는 결석 일수를 모두 채우고 말았다. 한 해를 꿇어서라도 다시 학교에 나오기를 바랐지만 은아는 끝내 학교로 돌아오지 않았다.

친구들은 상급 학년이 되었지만 은아는 학교 밖 거리의 청소년이 되었다. 편의점 같은 곳에서 아르바이트하며 지낸다는 소문이 들리기도 했지만 아무도 은아를 본 사람은 없었다. 은아가 추억할 수 있는 학교생활은 중학교 2학년 1학기에서 멈추어 있다.

보호관찰소 출석카드

"샘, 저 오늘 여기 가야 돼요. 5교시 마치고 갈게요."

교무실에 찾아와서 현숙이가 불쑥 내민 건 '보호관찰 출석카드'였다. 그러니까 보호관찰을 받으며 정기적으로 보호관찰소에 가고 있는데 오늘이 그날이라는 것이었다. 보호관찰을 받는 학생들은 드물게 보았지만 보호관찰 출석카드를 직접 본 건 처음이었다.

손바닥에 쏙 들어오는 크기의 작은 보호관찰 출석카드에는 출석한 날짜와 담당자의 확인 도장을 찍는 칸이 마련돼 있었다. 이미 두 개의 확인 도장이 찍혀 있었다. 현숙이는 노래방에서 생긴 일 때문에 보호관찰을 받는 중이었다.

봄에서 여름으로 넘어가던 5월 말 무렵, 현숙이는 평소 매일 어울리는 친구들과 함께 학교를 마치고 노래방에 갔다. 한창 노래에 흥이 올라 있던 중에 화장실을 다녀오다가 복도에서 다른 학교 학생들을 만났다. 교복을 입고 있어 다른 학교 학생이라는 걸 알았을 뿐 서로가 처음 보는 사이였다.

다른 학교 학생 하나가 현숙이를 '쩨려'봤단다. 그게 시비의 원인이 되었다. 복도에서 쩨려봤느니 안 봤느니 하면서 시끌시끌 소란이 일어나니 노래방 안에 있던 친구들도 복도로 나왔다. 그러고는 순식간에 싸움이 붙었다. 머리채를 쥐고 머리카락을 몽땅 뽑아버릴 기세로 잡고 흔들기도 했고 손과 발로 치고받고 난리가 났다. 교복 치마가 찢어지고 안경이 깨졌다. 나중에 확인한 바로는 이가 두 개는 부러지고 하나는 빠진 학생도 있었다.

싸움의 결과로만 보자면 현숙이 일행의 완벽한 승리였다. 그러나 노래방 주인의 신고를 받고 출동한 경찰에게 모두 끌려가는 처지가 되었다. 며칠에 걸친 경찰 조사와 가해-피해자 간의 공방이 있었고 결국 소년법에 따라 현숙이와 친구 중 일부가 보호관찰 처분을 받았다. 현숙이는 바로 그 보호관찰 처분을 성실히 이행하는 중이었다.

현숙이는 중1 때 충청도에서 전학을 왔다. 그런데 알고 보니 지금 사는 여기가 고향이고 집도 지금의 학교에서 그리 멀지 않은 곳에 있었다. 부모 역시 이곳에서 생업을 이어가고 있었다. 현숙이의 부모는 현숙이를 거의 방임하다시피 키웠다. 부모의 사랑과 돌봄을 제대로 못 받고 자란 현숙이는 삐딱하고 일그러진 아이로 성장했다.

초등학교 6학년이 되면서 일탈의 수위를 자꾸만 높여가는 현숙이를 감당하기 어려웠던 부모는 충청도에 있는 친척 집으로 현숙이를 내버리듯 전학시켰다. 자신의 의지와는 상관없이 낯선 곳으로 전학한 현숙이의 몸부림은 더욱 심해졌다. 친척 집에서도 현숙이를 어떻게 할 수가 없는 지경이 되자 결국 부모는 1년여 만에 다시 현숙이를 데려올 수밖에 없었다.

현숙이는 학교에 와서도 화장을 하거나 잠자는 일로 시간을 보냈다. 화장실에서 담배를 피우다 걸려서 교무실로 끌려오기도 했고, 무단결석도 했다. 노래방 사건처럼 학교 밖에서 싸움하는 일도 있었다. 다행히 경찰에 불려가는 일은 없었다.

그때마다 부모에게 상담을 요청했지만 부모의 반응은 싸늘했다. 나는 관심 없으니 학교에서 알아서 하라는 식의 말을 일방적으로 하고 전화를 끊는 게 현숙이 부모의 태도였다. 부모가 포기한 아이를 학교(교사)가 어떻게 무슨 수로 감당한단 말인가. 무력감과 자괴감이 현숙이에 대한 연민으로 번져갔다.

하루는 이런 일도 있었다. 종례를 앞둔 6교시 마지막 수업 시간이었다. 한창 수업이 무르익어 학생들이 서로 협의하며 활동지의 문제를 해결하고 있었다. 그런데 현숙이가 좀 이상했다. 가까이 가보니 옆에 앉은 짝이랑 이른바 가로세로 대각선으로 같은 내용의 단어를 찾아 정렬하는 빙고 게임을 하고 있었다.

현숙이가 내민 A4용지에는 모두 다섯 개의 빙고 판이 그려져 있었다. 한 시간에 하나씩 빙고 게임을 했단다. 6교시까지 수업하는 날이었는데 빙고 판이 여섯 개가 아니고 다섯 개인 이유는 4교시가 체육 수업이었기 때문이라고 했다. 사실상 학교에 와서 온종일 빙고 게임을 하며 버틴 셈이다.

옆에 앉은 짝꿍은 또 온종일 선생님들의 눈치를 살펴가며 현숙이의 '명령'을 따라 빙고 게임을 하느라 얼마나 눈치가 보이고 힘들었을까. 그런 생각들이 밀려와 잠시 넋이 나갔다.

부모도 관심과 사랑을 포기했고, 아무도 자신을 지지해주지 않는 학교에 겨우 와서는 종일 빙고 게임이나 화장을 하거나 담배를 피우거나 잠을 자는 등의 일로 시간을 보내고, 그러다 교무실로 불려와 혼이 나고 벌을 받고, 일이 더 커지면 보호관찰 처분의 대상이 되기도 하는 열다섯 살 현숙이. 그에게 '부모-학교(교사)-세상'이란 무엇일까. 또 그들은 모두 현숙이에게 무슨 짓을 한 것일까.

"장난으로 한 일인데 이렇게 될 줄 몰랐어요"

준우는 학교에 와서 잠만 잤다. 점심 급식 시간에 밥 먹는 것 말고는 종일 잤다. 국영수 시간은 물론 심지어 체육 시간에도 준우는 잤다. 마치 잠자는 병에라도 걸린 것처럼 보였다. 깨워도 깨워도 준우는 자꾸만 잠 속으로 달아났다. 준우에게 학교는 간이 침대 같은 것이었다.

그러나 준우는 학교 밖에서는 기운이 펄펄 넘치는 열다섯 살로 변신했다. 준우가 학교 밖에서 시시껄렁한 다른 학교 친구들과 어울려 다닌다는 것은 알고 있었다. 해봐야 기껏 담배나 피우고 PC방을 전전하며 거리를 배회하는 정도라고 생각했다. 준우의 담임으로부터 경찰에서 준우의 학교생활기록부 사본 발급 요청 공문이 왔다는 이야기를 듣기 전까지는 그랬다.

경찰이 준우의 학교생활기록부 사본을 요청한 건 학교 인근의 아파트 지하 주차장에서 주차 중인 차 유리를 부수고 안에 있던 현금과 카메라 등을 훔친 사건 때문이었다. 아파트 지하 주차장에 있던 CCTV와 주차 중인 다른 차들의 블랙박스에 준우 일행의 절도 행각과 얼굴이 생생하게 고스란히 담겨 있었다고 한다. 안 들키려야 안 들킬 수 없는, 들키기에 완벽한 범죄를 저지른 것이다.

거기에 결정적으로 일을 키우는 사건이 하나 더 있었다. 평소 같은 반 친구로 지내는 상현이의 몸에 스프레이 모기약을 뿌리고 라이터를 켠 것이다. 학교를 마친 오후 동네 놀이터에서 다른 일행과 함께 벌인 일이었다. 순식간에 불이 번져 2도 화상을 입은 상현이는 한동안 병원 치료를 받아야 했다. 맨살이 아니어서 그나마 더 깊은 화상을 피할 수 있었다.

준우는 "장난으로 한 일인데 그렇게 될 줄 몰랐다"고 했다. 하마터면 사람의 목숨을 어찌할 뻔한 무섭고 엄청난 일을 저질러

놓고도 장난이라고 태연히 말하는 준우. 자신이 무슨 짓을 한 것인지 제대로 인식하지 못하는 그를 보면서 씁쓸하고 안타까운 감정을 넘어 도대체 이를 어떻게 해야 하나 싶은 막막함에 정신이 멍해졌다.

준우는 결국 그 일들 때문에 법원 소년부 판사 앞에 서게 되었다. 재판정에 들어가기 20여 분 전 준우는 자신의 SNS에 다음과 같은 글을 올렸다.

'씨발들어갈거같애존내무서워'

띄어쓰기도 맞춤법도 맞지 않는 암호 같은 문장은 그의 불안하고 복잡한 마음을 그대로 드러냈다. 자신이 저지른 일에 대한 일말의 무게와 판사 앞에 서서 그 행위에 대한 판결을 받아야 하는 열다섯 살 소년의 마음조차 '장난'일 리는 없었다. 결국 준우는 보호관찰 1년 처분을 받고 학교로 돌아올 수 있었다.

지금까지 이야기한 네 명의 중학생은 특별하거나 남다른 학생들이 아니다. 대한민국 중학교 어디든 민환이, 은아, 현숙이, 준우는 있다. 그냥 있기만 한 게 아니라 많다. 이런 학생들이 학교(교사)는 불편하고 못마땅하다. 심지어 학교에서 없어졌으면 하고 바라기도 한다. 학교(교사)가 감당하기에는 너무 벅차고 어렵다는 이유에서다.

희대의 탈옥수로 이름을 알린 신창원은 그의 변호인이 쓴 《신창원 907일의 고백》이라는 책에서 다음과 같이 말했다.

"지금 나를 잡으려고 군대까지 동원하고 엄청난 돈을 쓰는데 나 같은 놈이 태어나지 않는 방법이 있다. 내가 초등학교 때 선생님이 '넌 착한 놈이다'하고 머리 한 번만 쓸어주었으면 여기까지 안 왔을 것이다. 5학년 때 선생님이 '새끼야, 돈도 안 가져왔는데 뭐하러 학교 와 빨리 꺼져.' 하고 소리쳤는데 그때부터 마음속에 악마가 생겼다."

학교가 민환이, 은아, 현숙이, 준우 같은 학생들을 품어주는 데는 한계가 있다. 그러나 너무 일찍 포기하고 외면해 삶의 벼랑으로 밀어 넣고 있는 건 아닌지 생각해봤으면 싶다. 머리를 쓸어주고 다시 일어설 힘을 주는 게 아니라 빨리 꺼지라며 학교 밖으로, 어둡고 깊은 세상의 응달로 밀어내는 건 아닌지 돌아봤으면 싶다.

지금 우리가 할 일은 학교와 세상이 원하는 방식의 냉정한 처분이 아니라 저들의 영혼이 상처를 치유하면서 성장할 수 있도록 기회를 주고 보듬으며 기다리는 게 아닐까. 열다섯 살에게는 충분히 그것을 요구할 권리가 있고, 학교와 세상이 저들을 외면하는 것은 언제든 마음만 먹으면 가능하니까.

나가는 말

사진, 중2를 우러러보다

1학년 때부터 함께 수업과 학교생활을 통해 만나온 학생들과 2학년을 또 같이하게 되었을 때 의미 있고 추억할 만한 무언가를 기획하고 싶었다. 이들에게 붙여진 중2병, 정신병자, 괴물, 반인반수 등과 같은 세상의 편견들을 다르게 보여줄 수 있는 것이면 좋겠다는 생각이 뒤를 이었다. 세상에서 그토록 문제시하고 두려워하는 꼴통으로 취급받는 중2들의 있는 그대로의 모습을 보여주고 싶었다.

3월이 되면서 계획을 구체화했다. 다름 아닌 학생의 사진을 찍어서 가을에 있을 학교 축제 때 교내에서 사진전을 하는 것이었다. 사진 찍기에 동의하는 학생들을 대상으로 수업 시간을 이용해 자연스러운 표정의 사진을 찍고 이를 액자에 담아 전시하면 좋을 것 같았다. 전시회를 마친 후 사진 액자는 모델이 되어준 해당 학생들에게 기념 선물로 주기로 했다. 학생들에게 사진전의 의도와 취지를 설명하고 동의를 구했다. 350여 명의 학생들 가운데 몇 명의 학생들을 제외하고 대부분 기꺼이 모델이 되어주기를 망설이지 않았다. 남학생들은 흔쾌히 호응하는 편인데 새침데기 여학생들은 호락호락하지 않았다. 그렇게 해서 6개월여에 걸친 사진전 프로젝트를 시작했다.

취미 삼아 종종 사진기를 들고 다니던 터여서 찍는 일에는 별 두려움이 없었으나 학생들의 어떤 모습을 어떻게 찍을 것인가를 두고 한동안 고민했다. 이들을 향한 세상의 편견을 단번에 무너뜨릴 것이면 하고 바라는 마음이 컸다. 그렇게 며칠을 고민한 끝에 학생들의 표정을 찍기로 했다. 카메라를 의식하지 않은 상태의 가장 자연스럽고 천연덕스러운 중2들의 표정을 사진에 담아 보자고 생각한 것이다.

수업 시간을 이용하는 작업이기 때문에 카메라를 의식하지 않는 학생들의 자연스러운 표정을 담으려면 카메라를 들이대며 '김치', '치즈', '스마일' 같은 것을 해서는 안 되겠다 싶었다. 최대한 자연스러워야 했다. 다행히 교실 안팎에서 학생들의 모습을 자주 카메라에 담아왔던 터라 학생들이 내가 수업 시간에 카메라를 들고 있는 것에 큰 반응을 보이지 않았다. 이미 사진전에 관해서도 설명했기 때문에 학생들이 더욱 자연스럽고 당연하게 받아들였는지도 모르겠다.

수업을 진행하면서 학생들이 활동지를 해결하거나 모둠별로 토론 등을 할 때 50mm 단렌즈를 끼운 DSLR 카메라를 손에 들고 학생들 사이를 다녔다. 사진을 찍고 있다는 것을 학생들이 의식하지 못하게 하려고 카메라는 조리개와 셔터 속도를 세팅한 채로 손에 쥐고 있었다. 그러고는 학생들의 모습을 아무렇지 않다는 듯이 지켜보거나 몇 마디 말을 주고받으며 서로 눈을 맞추는 사이 한 손에 쥐고 책상 위에 올려놓은 카메라의 셔터를 연사로 눌러 사진을 찍었다.

눈으로 카메라의 뷰파인더 통해 피사체를 보면서 찍는 게 아니라 책상 위에 올려놓은 한 손에 카메라를 쥐고 대강의 각도와 거리를 계산하여 손의 감각으로 셔터를 눌러야 했기 때문에 처음부터 제대로 된 사진이 찍힐 리 없었다. 연사를 찍는 찰칵찰칵 셔터 소리에 학생들은 그제야 카메라를 의식했으나 이미 때는 늦은 상태였다.

"아~ 샘, 예쁘게 안 나오면 책임지세요!"

"저 눈 감았단 말예요!"

"샘, 제 콧구멍 찍었어요?"

"오늘 화장 엉망인데…."

"포토샵 처리 꼭 해주세요."

뒤늦게 셔터 소리에 놀란 학생들은 저마다 한마디씩 중얼거리면서 뒷일을 걱정했지만 표정들은 맑고 환했다. 학생들의 반응은 그랬지만 손의 감각만으로 찍은 사진을 확인해보면 초점이 안 맞고 구도가 어긋나는 등 쓸 만한 게 없었다. 몇 번을 다시 찍고 확인하며 손으로만 사진을 찍는 감각을 익히는 데 제법 시간이 필요했다.

6개월여 준비해 최종 쉰세 점 선정

어느 정도 손으로 찍는 사진이 익숙해지면서 사진도 제법 초점이 맞고 볼 만한 구도를 갖추었다. 사진을 찍고 이를 컴퓨터로 옮겨서 확인하고 전시회에 쓸 만한 것을 골라 보정 작업 등을 하는 데에도 상당한 시간과 노력이 필요했다. 그렇게 해서 2학기 9월 말에 이르러 쉰네 점의 사진이 남았다. 최종 선정한 사진은 모델이 된 학생들에게 보여주고 확인을 받았다. 혹여라도 자신의 사진을 보고 마음이 바뀌어서 전시하는 것을 거부할 수도 있기 때문이었다. 다행히 제 얼굴이 마음에 안 든다는 여학생 한 명을 제외하고는 모두 좋다고 말해 주었다. 사진은 쉰세 점이 되었다.

10월이 되면서 학교 축제 날짜가 가까워 왔고 그에 맞추어 사진을 액자로 만들어야 했다. 비용을 최소화하면서도 그럴듯해 보이는 액자와 전시회를 위해 고민하고 있는데 마침 교장 선생님이 지역 교육청과 연결해 액자 제작비용을 지원받을 수 있도록 주선해주었다. 이로써 액자 준비에 대한 고민은 해결. 이제 남은 것은 전시할 공간이었다.

실내로 할 것인가 실외로 할 것인가를 두고 학교 내 마땅한 공간을 찾았다. 사진 전시의 특성상 너무 밝은 실외는 적절하지 않았기에 실내 교실 하나를 전시실로 쓰려고 했다. 그런데 교실은 쉰세 점이나 되는 사진 액자를 전시하기에는 너무 좁고 무엇보다 많은 학생이 관람을 위해 들고나기 아주 불편했다. 결국 실외이면서도 빛이 적절히 조절되는 학교 안 소나무 숲으로 결정했다. 키가 큰 소나무 수십 그루가 성기게 군락을 이루고 있어 나무 사이로 적절히 스며드는 빛이 사진 액자와 잘 어울릴 것 같았기 때문이다.

드디어 축제 일주일 전, 주문한 액자가 도착했다. 사진전의 제목은 '우러르다-전展'으로 정해놓은 터였다. 이른바 로우앵글(low angle, 카메라의 높이를 사람 눈보다 낮은 위치에 두고 아래에서 위로 찍는 촬영 방법)로 책상 위에 카메라를 두고 학생들을 우러러보며 찍은 사진들을 전시하는 것이니 그보다 좋은 제목은 없을 것 같았다. 중2들을 아래로 내려다보며 무시하는 세상의 편견과는 반대로 우러러본 사진을 보여주겠다는 나름의 의미를 담았다.

사진 속 중2들의 표정은 천진난만한 장난기가 담뿍 담겨 있거나, 아주 해맑고 수줍은 미소 혹은 보는 이마저 무장 해제하게 만드는 너털웃음, 물끄러미 책이나 무언가를 응시하는 까만 눈동자의 진지함 같은 것들로 가득했다. 남학생은 남학생대로 여학생은 여학생대로 사랑스럽고 정겹기 이를 데 없었다. 그 사진들을 보고 있노라면 누가 이들을 정신병자나 괴물이라며 심각한 문제가 있는 열다섯 살이라고 함부로 말할 수 있을까 싶은 생각이 절로 들었다. 분명 다른 사람들도 그렇게 생각할 것이라고 확신했다.

추억 공유의 불씨를 지피다

축제 당일 날 아침 학생들과 함께 액자를 솔밭 소나무에 하나씩 걸었다. 입구에 '우러르다-전'이라고 쓴 작은 간판도 하나 걸었다. 잠시 후부터 학생들과 선생님들의 자유로운 관람이 이어졌다. 전시회에 관심이 없다는 듯 시큰둥하던 액자 속 주인공 남학생들도 친구들의 부러움 가득한 반응이 이어지자 자신의 사진 액자가 걸린 나무 앞에서 인증 샷을 찍기도 했다. 학교 축제를 관람하러 왔던 한 학부모(어머니)는 '우러르다-전'에 자기 아이의 사진이 없는 것을 확인하고 항의하는 일도 벌어졌다.

"선생님, 왜 우리 윤미 사진은 안 찍어주셨어요? 이렇게 액자로 하니까 너무 좋은데요."

"찍어주고 싶었는데 윤미가 사진 찍히는 게 싫다고 해서 못 찍었어요."

그렇게 사정을 설명하자 학부모는 윤미를 나무라는 말로 자신의 성급함을 인정하며 축제 본 행사를 진행하던 강당으로 황급히 자리를 옮겼다. 축제가 끝난 후 사진 액자 속 주인공들은 모두 자신의 액자를 기념 선물로 받아갔다. 저마다 집의 거실이나 자신의 방에 걸어두었다고 한다.

세상이 자신들을 어떻게 보는지, 자신들에게 어떤 나쁜 이름들을 가져다 붙이는지는 별 관심 없다는 듯, 세상이야 뭐라고 하거나 말거나 중2로서의 모습을 있는 그대로 보여준 '우러르다-전'으로 인해 학생들과 함께 평생 잊지 못할 추억을 공유하게 되었다. 세상으로 한 걸음씩 내디디며 성장하는 이들에게 더 많은 과정과 기회가 쌓여 돌아볼 추억이 많은 사람으로 멋지게 성장하기를 기대하고 바라는 마음이 추억 공유의 불씨를 지핀 셈이었다.

부록

열다섯 살 시인들

예전, 그러니까 지금의 중학생 부모들이 학교에 다니던 시절에 비해 요즘 학교에서는 교사의 일방적인 강의로 시간을 채우는 형태의 수업을 하는 경우가 많이 사라졌다. 대신에 학생들이 직접 수업에 참여하여 활동하고 체험하며 스스로 혹은 친구들과 함께 과제를 해결하는 방식의 수업 형태가 자리 잡아가고 있다. 물론 입시라는 괴물의 코앞에 직면한 고등학교의 경우는 초중학교와 달리 그러기 쉽지 않은 것도 사실이다.

학생들과 다양한 수업 활동을 하고 이를 객관식 오지선다형의 지필고사가 아닌, 수업 중에 일상적으로 진행하는 수행평가로 확인하다 보면 수업 결과물로만 처리하기에는 아까운 학생들의 기발하고 멋진 '작품'도 종종 나오게 마련이다. 중2들과 함께한 시 수업이 그러했다.

휴대전화에 길들어서 소설이나 시집(동시집 포함) 한 권 변변히 읽지 않은 학생들이 적지 않은 현실에서 문학의 이해라는 거창하고 난해한 대단원을 수업하기란 여간 심란한 일이 아니다. 〈콩쥐팥쥐전〉이나 〈흥부전〉, 〈춘향전〉 등과 같은 고전 작품을 동화로 당연히 읽었을 것이라 여겼는데 세상에 그 작품들을 한 권도 읽지 않은 학생이 반마다 두어 명씩 있었다. 그런 학생들과 문학을 큰 주제로 삼아 수업을 한다는 건 개미들을 모아놓고 건축에 관해 이야기 하는 것과 같은 일이었다.

교과서에 등장하는 시 작품들을 우선 감상하고 배우며 서로 모둠 활동을 통해 의견을 교환하고 그 내용을 활동지에 정리하는 시간을 마련한 후 자신의 주변과 일상의 일들을 주제로 직접 시를 써보기로 했다. 교과서에 나오는 시처럼 거창하고 심오한 진리나 의미를 담지 않아도, 은유법, 직유법 같은 수사법을 굳이 넣지 않아도 되는 자신의 이야기를 시에 담아 보기로 한 것이다.

350여 명의 중2 학생이 써서 낸 시를 다 읽고 나서는 놀라움을 금할 수가 없었다. 무슨 재주를 부린 것인지 모두가 자신의 이야기를, 자기만의 마음속 글썽임 같은 것을 표현해냈기 때문이다. 모두가 시인의 감성을 타고난 듯했다. 평소에도 꾸준히 시를 쓰고 읽으며 시심으로 영혼을 충만하게 채운 것도 아니었고, 시라면 교과서에 나오는 근엄하고 어려운 것이거나 일제강점기 민족과 조국의 독립을 노래한 것쯤으로 알던 학생들이었다.

이들이 학교에서 제일 골칫덩어리라는 이야기를 듣는, 세상에서 제일 무섭다고 말하는 중2라는 사실을 겹쳐보면 정말 놀랄 수밖에 없었다. 도대체 어디에 이런 마음들을 숨겨놓고 있었던 것일까.

내일은 진짜 학교 가기 싫어

　대부분 학생에게 학교와 수업은 '핵노잼('핵+No+재미'를 합쳐 만든 청소년들의 은어. '노잼'보다 더 재미없다는 뜻)'이다. 길고, 지루하고, 따분하고, 재미없고, 심심하고, 지겹고, 할 것 없고, 좀이 쑤시고, 가끔 혹은 자주 선생님께 욕도 먹는다. 학생들에게 결코 '개꿀잼('정말 재미있다'는 뜻의 은어)'이거나 '핵꿀잼('개꿀잼'보다 더 재미있을 때 쓰는 말)'일 수 없는 곳이 학교와 수업 시간이다.

　등교 시간이 9시로 조정되긴 했지만 아침 시간은 여전히 바쁘고 지각에 대한 두려움은 잠자리에 누운 전날 밤부터 학생들을 번뇌하게 한다. 이반 일리치가 일찍이 고발한 학생들이 학교에 염증을 느끼는 학교 멀미 현상이 우리라고 다를 리 없다. 세빈이는 그런 마음을 시로 썼다.

　　알람을 7시에 맞추어놓고 누워서 이런저런
　　생각을 한다 내일은 진짜 학교 가기 싫어서
　　아프다고 하고 가지 말까? 병원 갔다 갈까?
　　이런 생각을 하지만 아침에 알람이 울린다
　　마이쮸~ 마이쮸~ 마이쮸~ 하고 알람이
　　울리면 나는 머리를 감고 학교에 간다
　　다음 날도 똑같은 일상처럼 마이쮸 하고
　　알람이 울리면 준비를 하고 학교에 간다

병원에 간다 하고 좀만 자고 갈까 멍을 때리다

정신 차리고 준비를 하고 학교에 간다

이런 일상이 반복된다

알람이 울리고 나는 준비를 하고 학교에 간다

_〈학교〉, 안세빈

  얼마나 학교에 가기가 싫었으면 전날 밤부터 "내일은 … 아프다고 하고 가지 말까? 병원 갔다 갈까?"라며 아예 학교에 안 가거나 병원에라도 들렀다가 어떻게든 최대한 늦게 학교 갈 궁리를 하는 것일까. 그런 마음도 몰라주고 다음 날 아침 야속하게 "마이쮸~ 마이쮸~ 마이쮸~ 하고 알람이/울"리고 만다. 그토록 가기 싫은 학교에 "정신 차리고 준비를 하고" 가야만 하는 것이다.

아침에 일어날 때마다

왜 배가 아픈지 모르겠어

학교 가기 전에 매일매일

왜 배가 아픈지 모르겠어

수업 시간마다 매일매일

왜 배가 아픈지 모르겠어

학원 가기 전에 매일매일

왜 배가 아픈지 모르겠어

_〈배 아파〉, 강정규

　세빈이가 학교 가기 전날부터 괴롭다면 정규는 "아침에 일어
날 때마다", "학교 가기 전에 매일매일", "수업 시간마다 매일매
일" 배가 아프다고 고통을 호소한다. 그래서 시 제목도 '배 아파'
다. 실제로 정규는 자주 배가 아프다고 이야기했고 그 때문에 보
건실에도 종종 들락거렸다. 물론 원인은 진짜로 배가 아픈 것이
아니라 학교에 대한 스트레스가 만들어낸 마음의 병이 원인이었
다. 열다섯 살 중에는 실제로 정규처럼 학교로 인한 마음의 병으
로 복통이나 두통 등을 호소하는 학생이 드물지 않다.

　세빈이와 정규처럼 마음의 고통을 겪으며 학교로 향하면서도
이들의 마음은 편하지 않다. 행여나 지각하지 않을까, 교복 아닌
체육복을 입고 등교하다가 교문에서 선생님에게 걸리지는 않을
까 하는 걱정이 또 꼬리를 문다.

학교 오는 길 나는 교복 아닌 체육복

교문을 돌아서 가는 중

'아, 이런 걸렸다'

걸려서 쌤과 나는 교무실

'아, 이런 짜증 나'

교무실로 끌려온 나는 상담 중
'아, 이런 후회 돼'
다시는 이런 일 없기를

_〈체육복〉, 이강희

아침에 학교에 지각할까 봐
버스를 탈까?
택시를 탈까?

버스가 안 와서 결국은 택시
택시를 타서 학교에 아슬아슬하게 도착
이제 선생님을 기다린다

학교에 지각하면
남기는 담임 선생님
정말 무서운 지각

참 밉다

_〈무서운 지각〉, 박석환

오늘 아침도 지각이다
오늘도 남아서 한자를 외워야 한다
정말 외우기 싫은데

이럴 줄 알았으면

아침에 조금만 더 일찍 일어날 걸

아니면

어제 조금만 더 일찍 잘걸

_〈지각〉, 이수빈

강희는 체육복을 입고 등교하면서 교문에서 선생님에게 걸릴까 봐 "교문을 돌아서 가는" 방법을 선택했다. 그러나 걸려서 "교무실로 끌려"와 선생님과 상담하고, 오지 않는 버스를 기다리다가 지각이 무서워서 아니 지각하면 방과 후에 집에 못 가도록 남겨서 벌씌우는 담임 선생님이 무서워서 택시를 타고 "학교에 아슬아슬하게 도착"해 겨우 지각을 면한 석환이, 그와 달리 결국 지각을 하고 만 수빈이는 그에 따른 벌로 방과 후에 "오늘도 남아서 한자를 외워야 한다". "정말 외우기가 싫은데" 어쩔 수 없다. "조금만 더 일찍 일어나"거나 "어제 조금만 더 일찍 잘걸" 하고 후회하는 일 말고는.

그렇게 우여곡절을 겪으며 밤잠을 설치고 아픈 배를 잡고 택시까지 타고 학교에 와도 사정은 나아지지 않는다.

아침에 잠이 덜 깬 1교시

급식 생각 배고픈 4교시

밥을 먹고 잠이 오는 5교시

7교신 줄 알았는데 6교시

이런 걸 반복한다 매일 또다시

_〈수업 시간〉, 정채영

학교 종이 땡땡땡~
노래에선 이렇게 나온다
요즘 학교 종은
그렇게 울리지 않는다
아, 빨리 수업 끝나는 종쳤으면 좋겠다

_〈학교 종〉, 복정빈

주5일 수업이 되면서 수업시수 부담이 늘어 중학생의 하루 평균 수업이 1교시부터 7교시까지 이어진다. 6교시 후 수업을 마치는 날도 있지만 일주일에 하루나 이틀에 불과하다. "잠이 덜 깬" 채 1교시를 시작해 "급식 생각"과 식곤증으로 4~5교시를 넘기고, 7교시 마지막 수업인 줄 알았는데 6교시여서 허탈한 "이런 걸" "매일 또다시" 반복해야 한다.

"요즘 학교 종은/그렇게 울리지 않는다"면서 아무 죄 없고 힘 없는 "학교 종이 땡땡땡~" 동요 가사에 시비를 걸며 "빨리 수업 끝나는 종쳤으면 좋겠다"고 푸념하는 정빈이의 모습에선 "땡땡땡" 울리든 "그렇게 울리지 않"든 수업이 빨리 끝나기만을 바라는 마음이 얼마나 간절한지를 느낄 수 있다.

학원에 다니는 운동화는 불쌍하다

7교시까지 학교 수업을 다 마쳤어도 행복한 세상은 쉽게 찾아들지 않는다. 그토록 끝나기를 바랐던 학교생활 2부가 다시 펼쳐지는 것이다. 이제는 방과 후 수업에 참여해야 하고 학원에도 가야 한다. 학원은 가기 싫지만 가야만 하는 학교인 듯 학교 아닌 학교 같은 곳이다. 학생들은 학원을 시로 다음과 같이 표현했다.

학원은
아이들이 많다

학원은
선생님이 무섭다

학원은
배가 고파지는 곳이다

학원은
힘들고 무서운 곳이다

_〈학원〉, 전보은

학원에서 선생님이 말씀하셨다
너 숙제해 와, 안 하면 혼나

나는 말했다 네~

나는 무척 괴로웠다
숙제의 양이 어마어마했다
나는 할까 말까 생각한 결과
숙제를 안 하기로 했다

다음 날 용기를 내어 학원을 갔다
내가 가자마자 선생님께서
하시는 말이 숙제했어 안 했어
나는 떨리는 목소리로 말했다
안 했어요

선생님께서는 화가 나셨다
노란 단무지 같은 매를 들고
와서 날 때렸다 엄청나게 아팠다

선생님이 큰 소리로 말했다
할 거야 안 할 거야
나는 순간 군대 같았다
하겠습니다
선생님은 나를 자리에 앉게 했다

나는 무서웠다
정말로 무서웠다
그래도 숙제를 매일매일
안 해 갔다 그래서 난
고통을 참으며
매일매일 맞아야만 했다

_〈학원 숙제〉, 이재성

운동화는 참 불쌍하다
좋은 사람을 만나지 못해서

운동화는 매일 같은 길만 다니고
운동화는 매일 같은 곳만 다니고

운동화는 공도 차보고 싶고
운동화는 달리기도 하고 싶지만

운동화는 학원이란 곳을 다니는
주인을 만나서 참 불쌍하다.

_〈운동화〉, 모선구

보은이의 표현에 따르면 "학원은/힘들고 무서운 곳이다". 또
"배가 고파지는 곳"이기도 하다. 학교 수업을 마치고 잠깐 친구

들과 놀 틈도 없이, 저녁도 제대로 먹지 못하고 곧장 학원으로 달려가야 하는 현실이고 보니 배가 고프고 무서울 수밖에 없겠다. 몇 줄 안 되는데 아득한 비명 같은 것이 느껴지는 시다.

재성이는 학원에서 "노란 단무지 같은 매"를 "고통을 참으며/매일매일 맞"고 있다. 학원 선생님이 내주는 어마어마한 분량의 "숙제를 안 하기로 했"기 때문이다. 군대처럼 대하는 학원 선생님이 정말로 무섭지만 감당할 수 없는 숙제 대신 몸으로 매를 맞겠다고 결심한 것이다. 시에는 나오지 않지만 상황이 이렇듯 심각한데도 재성이가 학원을 그만둘 수 없는 까닭은 엄마 때문이다. 엄마는 학원을 계속 다니라고 하신다. 열다섯 살 재성이는 엄마의 말을 거역할 수가 없다. 재성이가 학원에서 "노란 단무지 같은 매"를 "고통을 참으며/매일매일 맞"는 것은 엄청난 숙제를 내주는 학원 선생님과 학원을 강요하는 엄마에게 하는 반항의 몸짓, 혹은 무기력한 자신에 대한 자기 학대라고 해석한다면 지나칠까.

요아힘 바우어에 따르면 학생끼리 하는 우스갯소리에 "다른 사람에게 학교를 세워주는 자는, 자신도 그 학교에 다녀야 한다"는 말이 있다고 한다. 끔찍한 장소로서 학교에 대한 조롱의 의미를 담은 말이다. 이를 살짝 비틀어 말한다면 엄청난 숙제를 내주고 "노란 단무지 같은 매를 들고/와서" 때리는 군대 같은 학원에 엄마도 다녔으면 좋겠다고 나는 생각한다.

자신을 "참 불쌍한 … 운동화"에 비유한 선구의 시는 자기 이야기이자 재성이의 마음을 제대로 이해-공감하며 대신 말하는 듯해서 아리게 다가온다. 학교 수업을 마치고 친구들과 어울려 "공도 차보고 싶고" 신나게 바람을 일으키며 운동장에서 "달리기도 하고 싶지만" 그런 건 다 포기하고 학원엘 가야 한다. 그것이 마치 자신의 이야기가 아니라 '운동화'의 바람인 듯 에둘러 말하는 슬픔이어서 더욱 크고 깊다. 선구에게 학원 같은 데는 절대로 안 가도 되는 새 운동화 한 켤레를 사주고 싶다.

시험과 가족 때문에

열다섯 살 중학생을 힘들게 하는 게 학교와 학원만 있는 것은 아니다. 2016년 3월 교육부가 지필고사를 치르지 않고 수행평가만으로 성적을 산출할 수 있도록 지필고사 부담을 줄이면서 평가의 자율성을 확대하는 '학교생활기록 작성 및 관리 지침(교육부 훈령)'을 개정했다. 입시 공화국이라는 오명을 벗어나기 힘든 교육 현실에서 학교와 학원 등에서 학생들에게 쉼 없이 찾아드는 온갖 '시험'은 그 이름만으로도 학생들을 주눅 들게 하고 속상하게 한다.

시험 끝났다고 좋아한 지 얼마나 됐다고
금세 또 시험이라고,
공부하라고, 학습지 하라고,

방학 기간 30일은 일 년에 두 번이고
시험 기간 30일은 일 년에 네 번이고
공부해도 점수는 그대로고

그래도 공부는 해야 하고
점수 때문에 속상하고
가족들에게 미안하고

_〈시험 기간〉, 김유나

　평소 시험 스트레스가 심했던 유나는 시험 때문에 속상한 마음을 시로 썼다. "시험 끝났다고 좋아한 지 얼마" 안 돼 "금세 또 시험"이 돌아오는 일상인데 공식적인 1차(중간)-2차(기말) 평가만 해도 "일 년에 네 번이"다. 그것을 기본으로 수시로 치르는 수행평가는 덤이고 영어 듣기 평가, 단어 시험, 쪽지 시험, 암기 시험 등을 합하면 시험 속에서 시험과 함께 항상 시험에 드는 삶을 사는 셈이다. "그래도 공부는 해야 하"는데 "공부해도 점수는 그대로"이니 스스로 "속상하고/가족들에게 미안"해지는 지경에 이르고 만다. 누가 이 열다섯 살 중학생에게 이토록 무거운 짐을 지게 했을까. 평생 마르지도 그치지도 않을 것 같은 시험은 아주 밉고도 싫은 괴물이다.

　커스틴 올슨은 "학교생활에 시달리고 지친 학생들은 학교가 어떻게 해도 무감각하다"고 지적했는데, 학교와 학원 그리고 시험에 끌려다니는 우리의 열다섯 살도 학교와 학원, 시험 등이 만

들어놓은 거대한 싱크홀에 빠져 있는 상태여서 무감각하기는 마찬가지다. 그나마 그들을 사람으로서 자신의 존재 감각을 일깨워 주는 것은 바로 '가족'이다. 어쩔 수 없는 가족 해체의 시대를 건너고는 있지만 이들에게 가족은 지지와 격려로 안아주고 위로로 감싸주며 칭얼대는 투정까지 가능하게 만들어주는 유일한 영역이기도 하다.

주인집에서 집을 비워 달라 요구한다
자기 큰아들이 결혼을 해서 우리 집으로 온댄다
엄마 아빠는 난감해하신다
주인집 아줌마 아저씨께서 이사비를 준다
엄마 아빠는 방을 구하러 다니신다

난 이사 가는 게 싫었다

아빠가 방을 구하셨다

엄마가 내 방이 생긴다 하셨다

그 말을 들으니 기분이 좋았다

오빠는 대학에서 멀어져 얼굴이 어두워졌다

난 이사 가는 게 좋아졌다

어서 이사 갔음 좋겠단 생각이 든다

_〈이사〉, 이유진

유진이가 쓴 〈이사〉에서는 주인집의 요구로 갑자기 이사를 해야 하는데도 이사를 하면 지금까지 없던 자신의 방이 새로 생긴다는 설렘에 빨리 이사를 하고 싶다고 말하는 철부지의 솔직한 마음이 하얗게 나타난다. 갑작스러운 주인집의 이사 요구에 "엄마 아빠는 난감해 하"시고 이사를 하게 되면 "다니던 대학에서 멀어져 얼굴이 어두워"지는 오빠가 있지만 "내 방이 생긴다"는 엄마의 말씀에 "난 이사 가는 게 좋아졌다/어서 이사 갔음 좋겠단 생각이 든다"고 생기발랄하게 까불까불 말하는 유진이의 목소리와 표정이 생생하기만 하다.

엄마, 아빠의 난감함이나 오빠의 불편함보다는 "내 방이 생긴다"는 엄청난 변화와 설렘이 열다섯 살 사춘기 소녀 유진이를 마구 흔들어놓은 것이다.

요즘에 신경질적이신 엄마

왜 그러시는지 이유는 알지만
그래도 엄마가 화내시면
아 또, 아 진짜, 라고 하게 된다.
이유는 알면서
짜증을 낸 뒤
방에 들어가면
엄마 생각을 한다
딸인 내가 엄마를 생각해줘야지
다음에는 꼭 엄마를 생각해드려야지

_〈엄마를 이해 못 하는 나〉, 박서연

방 청소 안 했다고 잔소리
집이 엉망이라고 잔소리
옷 대충 벗었다고 잔소리
숙제 안 한다고 잔소리
학교 늦게 간다고 잔소리
해도 잔소리 안 해도 잔소리
뭐 어쩌란 말인가 아휴

_〈잔소리〉, 이예지

나는 우리 가족 중에
막내다

밥 먹을 때 나를 가만두지 않는다

물 떠와라 젓가락 가져와라

막내만 시킨다

형, 누나는 라면 끓여달라

과자 가져와라 나만 시킨다

잘 때도 가만두지 않는다

이불 꺼내 와라 베개 가져와라

나는 막내가 싫다

_〈막내〉, 장원준

 유진이의 시가 자신을 중심에 둔 이야기라면 서연이와 예지, 원준이의 시는 가족 간의 관계 속에서 자신의 마음을 표현하는 것이라고 할 수 있겠다.

 독자들은 무슨 까닭인지 알 수 없지만 서연이는 "요즘에 신경질적이신 엄마/왜 그러시는지 이유"를 안다. 그래서 엄마를 위로해드리고 싶은데 막상 "엄마가 화내시면/아 또, 아 진짜, 라고 하게 된다". 마음과는 달리 엄마에게 짜증을 내고 마는 것이다. 학교에서도 뾰로통하기 일쑤인, 무엇에든 일단 반항하고 보는 열다섯 살 서연이의 평소 모습 그대로다. 그러나 금세 후회한다. "딸인 내가 엄마를 생각해줘야지/다음에는 꼭 엄마를 생각해드려야지"라고 대견한 다짐을 하는 것이다. 이런 예쁘고 고운 딸내미

서연이의 마음을 엄마는 아실까 모르실까.

예지와 원준이는 가족 때문에 힘들고 괴롭다. "해도 잔소리 안 해도 잔소리"하는 가족과 막내인 자신만 부려먹는 가족들에게 투정 담긴 그러나 진심이 묻어나는 하소연을 늘어놓았다. 예지가 느끼기에 "방 청소 안" 해도 "옷 대충 벗"어 놓아도 "숙제 안" 해도 "학교 늦게" 가도 잔소리는 차고 넘친다. 해도 안 해도 잔소리는 규칙적인 알람처럼 날아온다. 누구랄 것 없이 세상에서 가장 듣기 싫은 소리가 바로 잔소리 아니던가. 예지는 참다못해 "뭐 어쩌란 말인가 아휴"라고 분통을 터뜨리며 한숨을 크게 내쉬는 것으로 자신을 달래고 위로한다. 그 모습이 애처로우면서도 예쁘다.

원준이는 집안의 막내로서 가족들의 각별한 사랑이 아닌 온갖 심부름을 도맡는다. 밥 먹을 때 "물 떠와라 젓가락 가져와라"부터 시작해서 "형, 누나는 라면 끓여 달라/과자 가져와라 나만 시"키고 잘 때도 "이불 꺼내 와라 베개 가져와라"하고 막내인 원준이만 시킨다. 그래서 원준이는 "막내가 싫다". 하지만 어쩌랴. 하루아침에 막내가 맏이가 될 수 있는 비결 같은 건 세상에 없으니 말이다. 원준이는 모르게 원준이 엄마에게 전화를 걸어 온갖 심부름으로 막내에 대한 사랑과 애정을 표현하는 일을 조금 줄여달라고, 원준이가 많이 힘들어한다고 살짝 귀띔해주는 수밖에.

휴대전화, 절체절명의 생존 도구

학생들이 쓴 시 가운데 휴대전화를 소재 삼아 쓴 것들이 제법 많다. 그만큼 이들의 일상과 관련 깊은 물건이 바로 휴대전화이기도 하다는 방증이다.[29] 실상 학교에서 휴대전화는 애물단지다. 대체로 중학교에서는 아침 등교 후 회수하여 보관하다가 하교할 때 학생들에게 돌려주는 방식을 많이 택하고 있다. 학생들 스스로가 자율적으로 휴대전화 소지와 관리를 할 수 있도록 교육 방향을 잡은 훌륭한 학교는 몇 안 된다.

올리비에 프랑콤은 "교사는 금지하는 사람이 아니라 가능하게 하는 사람이다."라고 했는데 금지가 아닌 가능함을 교육하는 학교가 그다지 많지 않은 우리 교육 현실은 매우 불행하고 안타까운 일이다. '하라'는 조언과 방향 제시보다는 '하지 마라'는 단속과 명령이 지배하는 우리 학교에서 금지를 교육하는 대표적 사례 중 하나가 바로 휴대전화다. 그러다 보니 학생들이 휴대전화에 갖는 심각한 애착 역시 만만치 않다. 다른 친구들은 모두 최신형 스마트폰을 사용하는데 여전히 아직도 폴더형 2G폰을 사용하는 보라는 최신형 스마트폰을 갖는 게 '희망 사항'이다.

---

29. 2014년 기준 인터넷 및 스마트폰 중독률은 중학생이 가장 높은 것으로 나타났다(2016년 청소년 통계 참조).

갖고 싶은데 가질 수 없는
만지고 싶은데 만질 수 없는

단 한 번도 갖지 못하고
쓸쓸한 마음만 남은

아이들이 터치를 누를 때
난 버튼을 누른다

스마트폰 널 갖고 말겠어!

_〈희망 사항〉, 김보라

"아이들이 터치를 누를 때/난 버튼을 누른다"는 보라의 말은 스마트폰이 없어서 친구들과 동화하지 못하는 자신의 처지를 극명하게 드러낸다. 갖고 싶고 만지고 싶지만 보라에게는 "쓸쓸한 마음만 남"게 한 것이 바로 스마트폰이기 때문이다. 다른 친구들이 보편적으로 소유하는 물건이 오직 자신에게만 결핍인 현실로 드러날 때 열다섯 살은 열등감이나 우울감 같은 것을 느끼기도 한다. 어른들에게 아무것도 아닐 수 있는 일이 열다섯 살에게는 목숨을 거는 일이 될 수도 있다.

보라처럼 최신형 스마트폰이 없는 것도 문제지만 있어도 문제는 생긴다.

수업 시간에 핸드폰을 하다가
선생님한테 뺏겼다.
담임 선생님은 나보고 알아서 하라고 하신다.
나는 너무 막막했다.

부모님께서는 뺏길 짓 했다고 하신다.
그럴 때마다 나는 할 말이 없다

담임 선생님한테 핸드폰 얘기
꺼내면 더 오래 있다가 주실 것 같다
그래서 참고 기다리기로 했다

_〈나의 핸드폰〉, 김수희

13일의 금요일 금이 간 내 핸드폰
금 밟고 저주라도 받았나 보다

일 년 하고도 반을 같이 지낸 내 핸드폰이
나 때문에 얼굴이 일그러져 버렸네

반질반질하던 얼굴에 상처가 생겨버렸네
일 년은 더 있을 수 있었건만

먼저 떠나버렸네

손에 꽉 쥐고 놓치지 말 걸

괜히 미안하네

_〈핸드폰〉, 나종민

선생님에게 휴대전화를 뺏긴 수희가 부모님에게 도움을 요청했으나 "부모님께서는 뺏길 짓 했다고 하신다". 믿었던 부모님도 수희 편이 아니다. 그렇다고 담임 선생님에게 가서 사과하고 돌려달라는 말을 하고 싶지만 잘못하면 돌려주기는커녕 오히려 더 오래 안 돌려줄 것 같다. 아무런 힘이 없는 수희는 "그래서 참고 기다리기로 했다".

휴대전화를 돌려받으려는 더 이상의 시도나 노력은 여기에서 멈춘다. 수업 시간에 휴대전화를 사용한 자신의 행위에 대한 성찰은 사라지고 빼앗긴 휴대전화에 대한 갈망과 돌려주지 않는 선생님에 대한 원망이 도사릴 뿐이다. 금지와 복종을 성실하고 철저히 교육받은 학생들이 더 이상 행동하지 못하고 가슴속에 분노를 쌓으면서도 순응하는 전형적인 모습이다.

수업 시간에 휴대전화를 사용한 학생의 것을 돌려주지 않고 벌이라며 여러 날 보관하면서 그걸로 학생들을 괴롭히는 교사가 제법 많다. 가능이 아닌 금지를, 합리적 이해와 소통이 아닌 자의적 폭력을 행사하는 유형의 사람들이다. 수업 시간에 휴대전화 관리법을 알려주고 지키도록 한 번 더 약속하면 될 일을 압수하고 돌려주지 않으며 교육이 아닌 금지와 단절의 횡포를 부리는 것이다. 이런 상황에서 교사와 학생의 관계는 깨어질 수밖에 없다.

일 년 반이나 함께 지낸 소중한 휴대전화를 자신의 실수로 떨어뜨려 금이 가게 한 종민이는 전자기기에 불과한 휴대전화를 인격화하여 미안하다고 말한다. 평소 휴대전화에 얼마나 애착을 갖고 이용했는지를 충분히 알 수 있다. 열다섯 살 중학생들에게 휴대전화는 절체절명의 생존 도구다.

그런가 하면 휴대전화 때문에 빚어지는 갈등과 낙인의 순간도 있다.

> 휴대전화 게임을 1시간 했다
> 그랬더니 더 해도 된댔다
> 휴대전화 게임을 1시간 30분 했다
> 그랬더니 조금만 더 하란다
> 휴대전화 게임을 2시간 했다
> 그랬더니 나보고 중독자라고 혼을 낸다
> 그렇지만 다른 애들은 4~5시간 하는데
> 나 혼자만 못하니 억울하다
> 엄마 친구 아들딸들은 전교 10등 안에 든다는데
> 나는 항상 중독자이다
>
> _〈중독자〉, 최윤규

윤규는 휴대전화 게임을 즐긴다. 하지만 "4~5시간 하는" 다른 애들보다는 덜 한다고 생각한다. 그런데도 엄마는 "엄마 친구 아

들딸들은 전교 10등 안에 든다"며 "나보고 중독자라고 혼을 낸다". 게임을 마음껏 하지 못하는 것도 억울한 일인데 엄마 친구의 아들딸들과 성적을 비교하고 자신을 게임 중독자라고까지 말하는 엄마의 꾸중까지 합치면 윤규는 휴대전화로 인한 삼중고를 겪고 있다. 게임을 충분히 못 하는 것보다 더 서운하고 마음 아픈 건 당연히 다른 친구들과 성적을 비교하고 게임 중독자라는 낙인까지 주저하지 않는 엄마의 모습일 터다. 성적과 비교에 중독된 엄마를 어떻게 구해야 할까.

어른부터 먼저 진정한 사람이 되라

열다섯 살 중학생 시인들의 아프고 심란한 이야기 말고도 발랄하고 엉뚱한 모습은 그들이 쓴 시에서도 고스란히 드러난다. "화장은 나의 동반자"라고 주장하는 민주, "너한테 콩깍지가 씌었나 봐"라며 풋사랑의 떨림을 시로 고백한 고운이, 언제나 똥이 마려워 문제가 생기는 승욱이. 이들의 시를 읽으면 저절로 미소와 폭소가 차례대로 봄날의 꽃처럼 터지고 만다.

> 화장을 안 하면 못생긴 내 생얼
> 원래 못생겼지만
> 화장의 중요성을 알았다.
> 화장을 안 하면 자신감이 떨어지고
> 부끄럽다.
> 화장을 하고 다니면 그나마 맘이 놓인다
> 화장은 나의 동반자이다
>
> _〈화장〉, 김민주

> 넌,
> 밥 먹는 모습
> 물 마시는 모습
> 땀 흘리며 축구 하는 모습
> 환하게 웃는 모습

화내는 모습

혼나는 모습

걱정해주는 모습

공부하는 모습

자는 모습

까지 다 멋져

나, 너한테 콩깍지가 씌었나 봐

_〈콩깍지〉, 한고운

똥이 마렵네

학교에서 수업 중에

똥이 마렵네

똥이 마렵네

집에서 게임 중인데

똥이 마렵네

똥이 마렵네

집에서 밥 먹는데

똥이 마렵네

이놈의

똥

너무 미운

똥

_〈이놈의 똥〉, 이승욱

중학생이 화장하고 다닌 지는 이미 오래다. 집에서도 화장품을 직접 사주거나 골라주는 부모가 많이 늘었다. 그게 학교에서는 규정 위반으로 문제아 낙인의 이유가 되지만. 어쨌든 "화장을 안 하면 자신감이 떨어지고 / 부끄"러운 민주는 화장 없이는 학교에도 올 수 없고 거리를 다닐 수도 없다. 그런 마음이 '화장'이라는 시를 쓰게 했다.

스웨덴에서 27년여 동안 살다가 2011년 귀국한 황선준 경남교육연구정보원장은 2016년 봄 한 신문에 쓴 글[30]서 "스웨덴 대부분의 학교에서는 외모에 대한 규칙이 없다. 우리나라에서 특히 많이 논란이 되고 있는 두발이나 치마 길이 또는 화장 등은 아예 규칙의 대상이 아니다."라고 밝힌 적이 있다. 그런 것들이 "학습에 방해되거나 남에게 피해를 주는 것이 아니기 때문"이라는 것이다. 어쩌면 스웨덴의 열다섯 살 중학생들은 한국의 열다섯 살 민주의 〈화장〉이라는 시에 담긴 상처나 속뜻을 전혀 이해하지 못할지도 모르겠다.

고운이는 "밥 먹는 모습 / 물 마시는 모습 / 땀 흘리며 축구 하는 모습 / 환하게 웃는 모습 / 화내는 모습 / 혼나는 모습 / 걱정해주

---

30. 황선준, 〈딸아이의 짧은 치마와 학교 규칙〉, 《경남신문》, 2016. 3. 10.

는 모습/공부하는 모습/자는 모습/까지 다 멋"진 어떤 녀석에게 "콩깍지가 씌었"다고 고백한다. 정말로 고백을 했는지 아니면 현실에서 못한 고백을 시로 풀어본 것인지는 알 수가 없다. 그러나 고운이 마음속에 '거세게 일렁이는 너'에 대한 절절하고 뜨거운 격정만큼은 온전히 느낄 수 있다. 사랑의 콩깍지가 덮인 열다섯 살 소녀의 눈빛이 얼마나 수줍게 반짝이는지를 아는 어른이 얼마나 될까.

승욱이는 학교에 오면 하루 종일 똥 타령이다. 화장실에 다녀와야겠다는 말을 그냥 지나치는 수업 시간이 없을 정도다. 그런데 알고 보니 "집에서 게임 중인데", "집에서 밥 먹는데"도 "똥이 마렵"단다. 승욱이는 민감한 대장 사정을 재치 있게 시로 써서 웃음으로 승화시켰다. 자신에게는 심각한 문제일 수도 있는데 이를 솔직하게 시로 표현해 독자의 웃음보를 터뜨리고 마는 재주는 탁월하다. 이제 그만 웃어도 좋으니 "이놈의/똥/너무 미운/똥"이 승욱이를 그만 좀 힘들게 했으면 싶다.

지금까지 읽어본 시들에서 확인한 바와 같이 세상 사람들이 온갖 나쁜 말들로 가끔은 장난처럼 때로는 진심으로 자신들을 비웃더라도 열다섯 살 중학생은 제 갈 길을 간다. 진지한 깊이로 생각을 키우기도 하고 철부지 아이의 해맑은 모습을 보여줌으로써 웃음을 머금게도 한다. 어른들이 보기에는 이해하기 어렵고 어른들 눈에는 썩 마음에 들지 않을 수 있지만 학생들은 성장하고 있다는 것도 알 수 있다.

시를 통해 보여준 솔직함과 맑고 진지한 고백은 이들만이 지

닌 아름다움이요, 자신들을 외면하는 어른들을 향한 꾸짖음이
기도 하다. "아이들에게 미래의 주인으로서 부여받은 의무를 강
요하지만 오늘의 주인으로서 누릴 권리는 모른 척하는"[31] 어른들
에게 자신들만 나무라지 말고 어른들부터 "먼저/진정한 사람이
되라"고 항변하는 정훈이의 시는 어른들의 등줄기를 서늘하게
만들어준다.

국어 쌤은 원한다 시를 쓰는 것을
우리가 시인도 아닌데 많은 걸 원한다

영어 쌤은 원한다 유창하게 영어 하는 것을
그러나 말이 안 된다 본국이 한국인데

부모님들은 원한다 공부 잘하는 것을
그게 쉽나? 사람마다 성향이 달라 나한텐 안 맞는데

사람은 원하는 게 정말 많다
한 가지 충족하면 또 또 또
이래서 무엇보다 먼저
진정한 사람이 되라는 것 같다

_〈원하는 것〉, 이정훈

---

31. 야누슈 코르착, 노영희 옮김, 《야누슈 코르착의 아이들》(2002) 중에서.